罗 茜◎著

别让孩子
成为一只
流泪的蜗牛

台海出版社

图书在版编目(CIP)数据

别让孩子成为一只流泪的蜗牛 / 罗茜著. -- 北京：
台海出版社, 2019.4

ISBN 978-7-5168-2283-8

Ⅰ.①别… Ⅱ.①罗… Ⅲ.①儿童教育–家庭教育
Ⅳ.①G78

中国版本图书馆 CIP 数据核字(2019)第 052228 号

别让孩子成为一只流泪的蜗牛

著　　者:罗　茜	
责任编辑:王　萍	
装帧设计:快乐文化	版式设计:通联图文
责任校对:罗　金	责任印制:蔡　旭

出版发行:台海出版社

地　　址:北京市东城区景山东街 20 号　　邮政编码:100009

电　　话:010-64041652(发行,邮购)

传　　真:010-84045799(总编室)

网　　址:www.taimeng.org.cn/thcbs/default.htm

E－mail:thcbs@126.com

经　　销:全国各地新华书店

印　　刷:北京鑫瑞兴印刷有限公司

本书如有破损、缺页、装订错误,请与本社联系调换

开　　本:640mm×960mm		1/16	
字　　数:170 千字		印　　张:13.75	
版　　次:2019 年 5 月第 1 版		印　　次:2019 年 5 月第 1 次印刷	
书　　号:ISBN 978-7-5168-2283-8			

定　　价:39.80元

前　言
Preface

上帝给我一个任务，叫我牵一只蜗牛去散步。我不能走太快，蜗牛已经尽力爬，为何每次总是那么一点点？

我催它，我唬它，我责备它。蜗牛用抱歉的眼光看着我，仿佛说："人家已经尽力了嘛！"我拉它，我扯它，甚至想踢它。

蜗牛受了伤，它流着汗，喘着气，往前爬……真奇怪，为什么上帝叫我牵一只蜗牛去散步？

"上帝啊！为什么？"

天上一片安静。

"唉！也许上帝抓蜗牛去了！"

好吧！松手了！反正上帝不管了，我还管什么？

让蜗牛往前爬，我在后面生闷气。

咦？我闻到花香，原来这边还有花园，我感到微风，原来夜里的微风这么温柔。

慢着！我听到鸟叫，我听到虫鸣。我看到满天的星斗多亮丽！咦？我以前怎么没有这般细腻的体会？

我忽然想起来了，莫非我错了？

——是上帝叫一只蜗牛牵我去散步。

这是被朋友圈和各大网站大量转载的一个故事——《别让孩子成为一只流泪的蜗牛》。

这个小故事，说出了我的心声，这也是我每每在处理孩子的问题时，纠结的源头。

相信很多父母都有同感，我们都知道，孩子应该有他自己成长的空间和过程，但我们都有当局者迷的时候。

我也不例外。

我是一名幼师，但我也是一个妈妈。

儿子上小学时，有一次期末考试成绩特别糟糕，我很失望，因此没能控制住自己的情绪，对他大发雷霆。很多年过去了，儿子对我那次发火的场面始终记忆深刻。后来每一次，在我临近失控时，他都会用那件事提醒我控制情绪。他的每一次提起，都会加深我的愧疚。

因此，我慢慢学会了控制情绪。随着儿子慢慢长大，我很少发脾气，除非真的有必要时，我会唠叨几句，说一些自己的想法，讲讲道理，其余时候，我们之间完全是平等交流，我不会把自己的想法强加在儿子的身上。渐渐地，儿子有时候居然会"送上门来"，问我讨主意，要安慰，这对于我，真的是意外惊喜！

长大后的儿子，依然会花时间跟我聊天，我发现他每每谈起过去，都是在谈一些快乐的事，像是每年全家旅游去过的地方，或者是每年春天在楼下花园种的花花草草，或者是我们每周阅读的一本名著，甚至是有时候无聊躺在阳台上数天上一共有多少颗星星……

这些年，我一直陪伴在儿子身边，细细想来，与其说是我陪着他成长，不如说是我们彼此学习，共同成长。儿子温和、善良的性格对我产生了很大的影响，他教会我，不要跟自己计较，不要对发生的事不依不饶，我的心态平和了许多。跟随着儿子探索世界的脚步，我似乎，重新回到了童年，感受到了生命的又一次绽放。

和儿子在一起，陪着他走过儿童时代和青春岁月，儿子独特的、稚气的视角和想法在我的面前开启了新的世界，他让我相信"万事皆有可能"，当然，我承认，我的确也有被气得发疯和失去耐心的时候。不过，重要的是，我在不知不觉中认识到，孩子的想法背后，是他纯洁美好的一面，而这一面，恰好是我们这些大人所缺少的。

所以，我不着急，放慢了脚步，把自己的想法，或者自己在成人世界里学会的认知，通通放在一边，陪着儿子一起，重新去体验生活的味道，试着用儿子的目光，去打量这个世界。

果然，当我从没完没了的琐事当中抽出身来，给自己更多的时间后，我发现，成长的岂止是孩子，还有那个"再一次长大"的我！

所以，我明白了，要慢养孩子，父母就要先慢养自己的心。

于是，在本书里，我把我的经验分享给你，希望你知道，养育孩子注定是一场渐行渐远的离别，唯独陪伴孩子的那段时光，在你心里，才是永远不褪色的。希望你开始一场温柔的教养旅程，在陪伴孩子的成长过程中，遇见最好的自己。

想一想，你的孩子，他的命运，他的未来，他的幸福是建立在什么基础上的？请认真听他说话，尊重他的选择，慢慢陪他长大——别让孩子成为一只流泪的蜗牛！

目　录

Contents

第一章

有什么可着急的——许自己一份慢养的勇气

有什么可着急的呢？孩子总要按照他自己的节奏慢慢生长起来的。做父母的,只需要给自己一份慢养的勇气就可以了。

第二章

有什么可强求的——规划孩子终究是徒劳的

每个孩子,都是独立的个体,都有自己的人生轨迹。父母无论如何费心去规划孩子的未来,最后还是不得不承认,很多努力都是徒劳的。

第三章

所有的焦虑,都来自比较。不要把焦虑转移到孩子身上,更不要把人性的恐惧、贪婪、功利也给了他。

第四章

把"说你是为你好"从父母的语言里删除吧,它不是一面金牌——有了这样的前提,许多父母在开口训导孩子前,已经先入为主,成竹在胸了,孩子能够接受最好,不能接受也得接受。

第五章

有什么不舍得的——轻轻地放手,远远地陪伴 ·········· **97**

父母只有放心地撒开自己的双手,孩子的独立性才能够得到锻炼。没什么不舍得的,让你放手不代表让你放弃,你一样可以远远地看着孩子,陪伴着他,在他需要的时候再给他你的手。

第六章

幼儿园里学到的好习惯最重要 ················· **119**

播种一种行为，收获一个习惯；播种一个习惯，收获一个个性；播种一个个性，就会收获一种幸运。

第七章

愿你有好运气，如果没有，愿你有好心态 ········· **143**

亲爱的孩子，我们都希望你未来的世界好过今天的世界，但是如果没有，我们希望你遇到不幸的时候，依然保持良好的心态。

第八章

最温柔的教养——孩子,把你的手给我 ······················ **165**

无论是大师、学者、名家,还是普通人……在面对孩子的时候,都是同一种人——父母。最好的成长,是和孩子一起慢慢长大;最温柔的教养,是让孩子牵着我们,一起慢慢在人生的路上散步。

第九章

愿你慢慢长大,但不是被落下 ················ **189**

最好的教育最简单,帮他制订计划和目标,让他慢慢长大,放心,他一定不会落下。

第一章

有什么可着急的
——许自己一份慢养的勇气

有什么可着急的呢？孩子总要按照他自己的节奏慢慢生长起来的。做父母的,只需要给自己一份慢养的勇气就可以了。

要慢养孩子,先慢养自己的心

周末,逛完超市后,我和儿子顺便去喝点饮料。

来到星巴克后,我前面站着一对母女,女儿在选饮料,纠结要摩卡星冰乐还是抹茶星冰乐。女儿身后,母亲一直不耐烦地催促,快点快点,不就是一杯饮料吗?

后来店员习惯性地问,要不要蛋糕,于是女儿又去选蛋糕,店员耐心地询问她要黑森林还是要芒果口味的,母亲一边刷着手机一边说,不就是个蛋糕,能不能快点,急死人了。

我和儿子站在后面,觉得整个过程也不到三分钟,按说真不至于急成这样,也许那位妈妈还有要紧的事情要办。

但接下来,我特地暗中观察了那对母女。她们坐下来后,各自玩起了手机,也不像是在等人。女儿磨蹭地吃着蛋糕,显然母亲着急也不是因为女儿肚子饿了。但是,在她们简单的对话中,时不时会有"快点""快点"飘入我的耳中,一次,是那个女儿去拿餐巾纸和糖包,另一次好像是去上厕所。

可是直到后来我和儿子都打算离开了,那对母女还没走,看来,她们并非是有什么要事,不过"快快快"是那位母亲的口头禅罢了。

也许这种情况在很多父母身上都能见到吧。父母一直在着急,一直在下意识催促孩子,却并没有真正着急的事情要做。只不过做父母的,内心就是焦躁的,本能地觉得,孩子也好自己也好,职场也罢生活也罢,每分钟都耽误不起。

我仔细想了想,有时候,我也是如此吧。无论是在单位还是在家里,尽管努力想要做到心平气和,但,总是觉得是在打仗,人很难慢下来。

比如说,逛完超市后,我原本打算直接开车回家的。儿子说,想喝饮料,我说:"那妈妈去星巴克买两杯。打包,你上了车再喝!"

儿子说:"妈妈,现在才2点半,你那么着急回去干吗?为什么我们不能坐在星巴克喝?"

我一怔,是啊,干吗急着回去?家里又没有什么特别重要的事情等着我。

我们在星巴克坐的那一个小时里,儿子在读一本杂志,我一闲下来,觉得自己的手和脚都不知道往哪放。数次对儿子看过去,都发现周围的嬉笑吵闹,仿佛对他完全没有影响。他一边怡然自得地喝饮料,一边时而凝眉时而微笑地读着他的书。

我忽然有些羡慕儿子如此沉静。

的确,谁都知道一个概念——慢养孩子,静待花开,但是,如果父母有着一颗着急、焦虑、狂乱的心,那么又怎么可能慢得下来呢?

现在的人们处于长期的紧张快节奏中,家长们的神经总是处于难以放松的状态,工作时风风火火,注重效率,下班后依然心急火燎,孩子的晚饭必须7点前完成,洗澡必须8点前开始,10点前孩子必须上床睡觉……时时刻刻都要在自己的掌控范围内,一旦时间超限了,就会慌张焦虑。

我有一个同事莫然,她一边在职场打拼,一边照顾着儿子。有一天,她跟我抱怨,说每天早上儿子上学自己上班前的那段时间,简直就是一场仗,又紧张又忙碌。

早晨6点50分,莫然要准时把儿子从睡梦中叫醒,让他自己穿衣服,而她就急忙去做早餐。儿子也不知道怎么回事,等她早餐都做好了,儿子的裤子还没有穿,衣服也只穿了一半,莫然顿时就着急了,也不管儿子说什么,上前一把给儿子穿好衣服。督促儿子洗漱完,莫然让他快点吃早饭,自己去收拾房间,结果呢,等她把房间收拾好了,儿子碗里的早餐吃了不到一半。莫然又着急了,一把夺过儿子手里的勺子,一口一口地喂着,紧接着送儿子去学校……

"快快快"几乎成了很多家长的口头禅。但实际上,急性子的家长往往教育出没耐心的孩子,因为家长总是催促孩子吃饭、写作业、洗澡、睡觉……孩子很难安静地有耐心地去做一件事,也享受不到做事的成就感,久而久之,孩子还容易因此起逆反心理。

父母是孩子的榜样,很多孩子缺乏耐心,容易焦虑,其实都是受到了家长的影响。

所以,家长要明白,对孩子的耐心,其实也是对自己的耐心训练。在对待孩子时,请多一点耐心,和孩子一起用心感受和享受生活。诚然我们不能让孩子养成磨蹭拖拉的习惯,可是,有时候,孩子"耽误"个三五分钟也没什么大不了的,请别忧虑,也不要做过多的安排,只享受过程。要慢养孩子,先慢养自己的心。

一次只做一件事

我有一天去朋友郑远家做客,一进门就看到她的儿子亚亚在茶几上写作业,一见到我,亚亚很高兴,把笔一扔,就要和我玩。

"把作业写完了,再和阿姨玩。"郑远呵斥道。

亚亚噘着嘴在作业本上才"画"了几笔,眼神不时看着我和郑远。郑远发现亚亚在看着我们,只好笑着对他说:"亚亚,快去把你的奖牌拿过来,给你罗茜阿姨看看。"听到妈妈这样说,亚亚很快就去拿自己的奖牌了。

过了一会儿,郑远又让亚亚去洗水果,拿饮料、点心等,亚亚就这样一边不断地给妈妈和我"服务",一边写自己的作业。

后来我回到家,郑远给我打电话,说她检查亚亚的作业时,才发现亚亚还有很多题没有做完。"写个作业怎么这么费劲,每次都拖拖拉拉的。"她不禁抱怨道。

我哭笑不得,替亚亚抱不平:"你总是不停地让他干活,他哪儿还静得下心来写作业呢?我只希望你听了他的话,千万别跟他说'你没有写完作业还有理了?快点写,没写完不准睡觉'这样的训诫!"

郑远在电话里哑口无言。

的确,在孩子学习的过程中,最大的"敌人"就是注意力不集中。而这种"注意力不集中",一方面是孩子本身的原因,另一方面,却是家长让孩子同时做几件事情造成的。

很多时候,孩子正在写作业,家长却又让孩子做家务,整理自己的房间;孩子还没有洗完自己的衣服,家长又吩咐孩子要把垃圾扔掉;孩子还没有走出家门去买酱油,家长又让孩子帮忙洗菜……这样的例子,比比皆是,家长总是让孩子同时做很多事情,或者孩子的一件事情还没有做完,又吩咐孩子做另一件事情……

孩子的自我安排能力差,在面对家长诸多的要求时,孩子往往不知道要先做哪一件事情,经常是手里做着一件事情,心里又想着另外一件事情,这样就会导致孩子的注意力不集中。

家长一定要等孩子做完一件事情后,再安排另外一件事情。在孩子做一件事情的过程中,如果家长看到孩子的做法是错误的,切记不要因为急于纠正孩子的错误就打断他,正确的做法是等到孩子忙完手里的事情后,家长再去纠正,并给予孩子正确的指导。

我有个朋友在一家知名的企业工作,担任人力资源经理。在面试中,他经常会出这样一道题目:"星期一上午9点,你的手机和公司的座机同时响了,这时候你的QQ上有客户在十万火急地催促你,而每周一9点的例会马上要开始了,你又突然来了一位访客。此时,你会如何安排这几件事情?"

很多应聘者的回答是:"一边用肩膀夹着座机一边接手机……"也有说"接电话的同时对访客微笑打招呼",还有人说"让同事代接座机自己一只手接手机,另一只手回QQ"的,只有个别人回答说："如果开会是重要的事情，那就先去开会，其他的一切会后再说。"也有个别人回答说："先把访客安排好，再去开会，会后接待客人，客人走了回电话和消息。"

朋友说，这道题目也没有特别标准的答案，只是考核一个人的时间管理能力。这是一个非常极端的虚拟情况，在实际工作中虽然也有忙碌的时候，但没有这么夸张。但就他的企业而言，对面试者的评判标准中，至少有一点是，在工作的时候，企业希望员工一次只做一件事。

在快节奏下，我们确实会一心二用，比如晚上看电视的时候吃零食、敷面膜，比如边散步边听音乐……但是这些都是比较放松的事情，遇到一些需要专注的事情时，还是要学会专注。家长要让孩子明白，自己也要明白一个道理，生活中，无论有多少事情等着你，一次只能做一件事，选择最重要的，最优先的去做吧。

"三分钟"耐性训练法

我特别欣赏大哲学家苏格拉底，他在教育上有自己的一套方法。有一天他给学生上课，说："同学们，我们今天暂时不讲哲学，希望大家跟我做一个简单的动作，先把手往前摆动300下，再往后摆动300下，看看谁能够每天坚持。"过了一周，苏格拉底上课时，请坚持下来的同学举起手来，90%以上的人都举起了手。过了一个月，他又要求坚持下来的同学举手，这次只有70%多的人举手。过了一年，他又要求坚持下来的同学举手，结果只有一个人举手，这个人就是后来也成了大哲学家的柏拉图。

此时的柏拉图很年轻，虽然在学识上仍显稚嫩，但却已经表现出一个杰出人物具有的执着追求、坚持不懈的优秀心理素质。成为哲学家之前，柏拉图的大部分时间仍然显得平淡无奇，与其他人不同的是，他在看似平淡、枯燥的重复中，认准目标、始终坚持。

甩手固然甩不出一个哲学家，但是目标游移、耐不住寂寞的人是很难有大的作为的。两个同等条件的人，一个学习坚持不懈，一个学习浅尝辄止，两年以后，差别就会很明显。

在日常生活中，任何小事情都可以用来培养孩子的耐心，洗碗、擦桌子、收拾房间等都可以。刚开始，孩子会漫不经心地边做边玩，家长这时可以站在一旁督促孩子，让孩子用心去做，直到他把碗洗干净、饭桌擦干净、房间收拾整洁。要让孩子明白，任何事情都要耐心去完成。

我曾经读过一本书——安吉娜·米德尔顿的《美国家庭的卡尔·威特教育》，书中介绍了一种"三分钟"耐性训练法，这种方法被证明是训练孩子耐性的好方法。

书中列举了一个例子：

皮奈特是一个缺乏耐性的孩子，他只爱看电视和玩游戏，对书本完全不感兴趣。一天，皮奈特的父亲拿着个沙漏，说："皮奈特，这个是古时候的钟表，里面的沙子从一端全部漏到另一端时，时间整好是三分钟。以沙漏为计时器，你和爸爸一起读故事书,每次以三分钟为限。"听了父亲的话,皮奈特产生了莫大的兴趣,很高兴地答应了。

第一次,皮奈特果然静静地坐下来听爸爸读故事书,但事实上,他根本没有留意听故事,而是一直看着那个沙漏,三分钟一到,他便跑去玩了。皮奈特的父亲无可奈何地摇摇头,不过他没有气馁,决定多试几次。数次之后,皮奈特的视线渐渐由沙漏转移到故事书上了。当初约定说的是三分钟,但三分钟过后,因为故事情节吸引人,皮奈特听得特别入神,主动要求延长时间,不过,皮奈特的父亲坚持"三分钟"的约定,不肯继续讲下去。为了早点知道故事后面的情节,皮奈特就自己主动阅读了。

在这个故事中,皮奈特的父亲用了一种循序渐进的训练,对孩子进行了潜移默化的教育。实际上,这是通过孩子感兴趣的东西,使孩子的注意力在一定时间内专注于某一对象,久而久之,孩子就养成了习惯,也就提高了耐性。三分钟的时间,正好适合孩子注意力的特点。三分钟后立即打住,这样不仅让孩子觉得父亲守信,而且还充分利用了孩子的好奇心,引发了他主动学习的兴趣。

当然,培养孩子的耐性时父母要有耐心和恒心,不要试了一两次后觉得没效果就放弃了。

幼儿园里有个小朋友叫小娜,她做事很没有耐性,从来没有把一件事情做完整过。有一天,我对她说:"小娜,今天轮到你把玩具都收到柜子里面去,罗老师来监督你。"我一说完,就拿着小板凳坐在了小娜的旁边,看着小娜收拾玩具。每次小娜收拾了几个,眼神就往外看,想跟其他小朋友出去玩,这时我都会强调说:"小娜,记住,做完了,再出去。"我的眼神十分坚定,小娜只好耐着性子把玩具都收拾完了。多次之后,小娜渐渐有了耐心。

很多父母也许一直都和孩子说"做事情要坚持,坚持一下就好了",可孩子只是听一听就算了,并不会把父母的话当回事。这个时候,父母就需要多监督孩子几次,"逼迫"他们把事情一次性地做完。次数多了,慢慢地,孩子也就养成了要把一件事情做完的习惯。

也有很多时候,孩子做的事情都不是他们自己感兴趣的,所以他们会认为做不做完都无所谓,父母可以先让孩子在自己感兴趣的事情上坚持做完,然后再慢慢地把孩子的这种坚持引导到普通的事情上去。

更重要的是,在教育中,父母要有决心,舍得让孩子吃苦,让孩子明白坚持不懈的重要性,并在孩子做事不坚持的时候多加教育,以锻炼孩子的意志。

寓教于乐,让孩子在自由中独立

由于工作的原因,我经常会看很多欧美教育专家写的书,研读他们的教育案例,放眼世界,我的确能够从中获得很多启示。

欧美大多数的幼儿园很少对孩子进行系统的、有目的的文化知识教育,他们主张"教育与游戏"相结合的教育方式。

在挪威一所幼儿园的课程表上，我们能够看到的课程安排有:画画、到树林去、练习做饭、唱歌、跳舞、开音乐会、游泳、去图书馆。教师的授课内容是:陪伴孩子看大自然中的树木花草、动物和四季变化,讲故事,做不太剧烈的运动。这与国内的课程安排有很大的差别。

从课程安排我们能够看出,除了一般的读、写、算之外,其实带孩子到森林、湖畔、博物馆、天文馆、宇宙航天馆等地方参观游览占据了较多的时间。在游玩的过程中,老师会讲解社会与自然科学知识。

欧美国家的小学大多是四年制,也有六年制。小学一二年级几乎没有家庭作业, 三四年级的家庭作业耗费的时间一般不超过1小时,五六年级的作业不超过2小时。小学生回到家中,一般都是书包一放就跑出去玩,对他们来说,学与玩是没有很大的界限的。

教育专家指出,玩耍是儿童天经地义的正事,爱玩游戏是儿童的天性。

在家庭教育中,寓教于乐才更符合儿童的天性。

国外的教育特别注重培养孩子的独立性,因此,幼儿园活动室的布置总是有利于儿童独立精神的培养, 尽量让孩子独立地按照自己的意愿来选择活动。活动室中设有娃娃家区域、美术区域、积木区域、图书区域、科学区域、音乐区域等,创造了完全自由的环境,孩子可以按照自己的意愿,独立选择自己最喜爱的区域去活动,有的孩子可以选择到图书区域去阅览书籍,有的孩子选择到科学区域去探索,有的孩子选择到音乐区域去演奏……

为了培养孩子从小独立思考和自理、自立的能力,除了在环境上多费心力之外,国外幼儿教育也不会把孩子限制得过死,不用过多的"计划"限制孩子,不轻易责罚孩子。

在去参观一些国外家庭的过程中,我经常看到这样一幕:几个孩子在房间里玩,房门敞开着,他们要到外面去,却不从门里出来,而是在门口搭了一个架子,一个个爬过去,爬过去的孩子非常高兴,好像自己完成了一件很了不起的任务,似乎自己多么有能耐。在一旁的妈妈完全不干预,似乎没看见。突然,有两个孩子扭打成一团,但没有孩子去告状,也没有孩子大哭大闹,妈妈也不理睬,过了一会儿,就有其他的孩子主动去解劝,两人纷纷道歉,纠纷很快就得到了解决。

美国幼儿教育专家维娜·希尔布兰德曾经说过:"家长和教师要牢记这一点,让幼儿在独立中成长。必须通过让幼儿自己做事、自己决定活动内容、自己选择玩具等,使幼儿感到自己是独立的个体,变得更加自信,更加努力。"

也许我们的教育条件还做不到像国外那样完善,但是,至少我们做父母的和做老师的,能借鉴国外"寓教于乐"的思想理念,多进行一些这种让孩子自发活动、自由游戏的教育。这看来似乎是撒手不管,但其实并不是,是为了让孩子在自由中增强独立能力,掌握生活知识,培养个性和爱好。

困难面前，给孩子坚持的力量

老公亲戚家有一个小孩叫吴小敏，对小提琴特别痴迷。一个偶然机会，她被父母送到了音乐学院学小提琴，希望她能够在自己喜欢的领域有所成就。

不过，音乐学院人才济济，很多孩子从小就经过专业的训练，吴小敏在其中并不是很出色，因为她全凭兴趣，并没有受过规范的训练，拉小提琴的动作、感觉都比不上先入校的同学。在技术考核时，她经常觉得自己是个业余的，比不上其他同学，为此她感到很难过。

有一个周末她跟我聊天，问："我真的永远都比不上其他同学吗？"

"小敏，你想听一个故事吗？"我想了想，没有直接回答她。

"故事？"吴小敏有点茫然。

"对，我觉得这个故事会对你有所帮助。"我喝了口水，开始讲故事，"曾经有一个著名的推销员，他在退休之前，办了一个退休大会，他知道有很多人想知道他推销保险的秘诀，许多崇拜他的人都来参加，所有的人都企盼着他给出秘诀。"

"这时候，从后台出来了4个强壮的男人，合力扛着一座铁马，铁马下垂着一只大铁球。那个著名的推销员没有说话，只是朝铁球敲了一下，铁球纹丝不动。隔了5秒，他又敲了一下，铁球还是没动。每隔5秒种，他就朝铁球敲一下，但铁球还是一动不动。

"时间过去了半个小时，推销员没有说话，铁球也还是纹丝不动。台下的人群开始骚动，陆续有不耐烦的人觉得受骗了，就悄悄离开了，但推销员不为所动，还是自顾自地敲铁球。时间一分一秒地过去，人也愈走愈多，最后只剩零星几个……这时，大铁球居然开始慢慢晃动了，推销员继续每隔5秒钟敲一下，铁球开始大幅度地摇晃。台下零星的几个人激动地鼓起了掌。推销员拿起话筒，说，这就是我送给你们的秘诀。坚持必然会有结果。但只有有耐心的人才可以得到这个秘诀。"

故事讲完了，吴小敏似乎还沉浸在场景中，不说话。

我继续说道："我希望你能明白，只要每天都努力，你每天都会进步一点点。你会比别人更厉害更优秀的。"

吴小敏用力地点点头。后来听老公说她在学校更加刻苦地训练。其实音乐学院的很多学生最大的目标是能够被一些合唱团或者文艺团体选中，成为后备力量。不过选了很多次，吴小敏都没有被选上，有时候她都没有信心再坚持训练了，她知道自己其实能力还不错，但有时候因为抱着太大的期待，所以上场后就显得非常紧张，导致平时的训练水平没能发挥出来。

吴小敏有时候会觉得迷惘，甚至怀疑自己，认为自己可能并不适合拉小提琴，不过每次当她想要放弃的时候，就会想到我跟她说的故事，她就鼓励自己，一直不放弃。

终于，吴小敏被一个合唱团录取了，她激动万分，给我打来了电话，我真心地为她高兴，为她感到骄傲："小敏，祝贺你，你最终还是成功了!铁球现在开始晃动了!希望你会是音乐界冉冉升起的新星。"

"谢谢您,谢谢您告诉我的故事,我一定会永远记住。"吴小敏在电话那头一字一句地说。

做父母的永远不要对孩子失去信心,对孩子多一些鼓励,让他们明白,只有坚持不懈地做好每一件事,才能取得最后的成功。

我儿子上小学一年级时,和一帮小朋友在小区里练习骑自行车,我和几个妈妈跟着他们,帮着扶车,很多小孩子接二连三地摔跤,摔得痛了,边上的妈妈就异常心疼,一溜小跑着扶着车不松手。

儿子轻声问我:"妈妈,你能不能给我示范一下?我想看看你是怎么骑的。"

我笑着说:"好呀。"然后我就骑上自行车在小区里转了几圈。儿子看完后,恍然大悟,觉得骑自行车原来这么简单,胸有成竹地对我说:"妈妈,你可以松手了。"然后,信心十足地骑上自行车。可是,才歪歪扭扭地骑了几步,就"啊"的一声,摔了一跤。这一跤把儿子摔得鼻青脸肿。

儿子从地上爬起来,眼神犹豫地看着我,似乎在问我,能不能帮他扶车?我看了出来,就语重心长地鼓励儿子说:"宝贝,妈妈如果一直不松手,你就不会自己骑,你既然要自己骑,就不能放弃,要知道,坚持就是胜利。"儿子听了,默不作声,我又趁机鼓励儿子,说:"失败是成功之母,妈妈相信你一定能成功的!"

听了这话,儿子坚定地点了点头,又练起自行车来。慢慢地,儿子终于找到了技巧,坚持了下来,也不怕摔跤了,最终他只用半天,就学会了骑自行车。

好的信念会支撑孩子坚定地完成设定的目标。很多人选择坚持,是因为他们在最开始就抱有必胜的信念,信念支撑着他们在遇到困难时不放弃,选择继续坚持。

因此,父母要让孩子树立起强烈的信念,有了这个信念的支持,孩子就会更主动地向目标前进,也使孩子在面对困难和挫折时,能够去努力坚持,获得最终的胜利。

其次,孩子在遭遇挫折和困难时,来自父母或是他人的鼓励对他们而言是很好的安慰,但有时候旁人的安慰来得不及时,就需要孩子学会自我激励,尽快调整自己的情绪,坚持下去,战胜挫折和困难。

父母可以教会孩子:做事情时,要在心里认定自己有能力战胜挫折,增强自己的自信心;在处事中,学会掌控自己的情绪,多产生积极的思维倾向,认识到适当的压力也是一种动力。做到这些,就能在积极的自我激励中激发潜能,坦然面对挫折。

再者,让孩子做事有始有终。遇到了困难和坎坷,遇到了困境,父母要多鼓励孩子,让孩子坚持下去,坚持一个小时,一天,一个月,一年,甚至更久,一定能坚持到最后成功。

做大树是我对你的期望，
但做小草我也尊重你

我曾经见过一个歇斯底里的母亲，她的女儿以前是我的学生，孩子从幼儿园毕业后，我也一直听说她的事。

几乎从幼儿园开始，她就对女儿进行各种恐吓，要求女儿考第一名，在各个比赛中获奖。中考前，她对女儿进行恐吓："你要是考不进市重点，我就跳楼！"结果，女儿拼命努力，终于如愿以偿地考进了重点中学，母亲以百般的宠爱善待她，因为她觉得女儿替自己争了光。

"你必须在全班考第一。"这时，这位母亲又提出了新的要求，女儿脸上的笑容慢慢地消失了，焦躁与不安爬上了她的眉宇。

不久，考试结果出来了，她没有成为全班第一。母亲将女儿辱骂一通，没有安慰女儿，反而又提出新的目标："期末考试成绩要是达不到90分，我真的跳楼！"威胁的口吻还是那样坚决。

第二天，无奈的女儿离家出走了。

在高期望值的支配下，父母评判子女好坏的标准严重失衡，孩子教育成败多是以成绩好坏来衡量的，有了"小孩成绩好，一'好'遮百丑"的评判标准。于是，父母对孩子的要求集中到一点——考试成绩。只要考试成绩好了，什么都好说；如果考试成绩不好，怎么都不行。

在这种心态驱使下，家长们对学习好的孩子极尽娇惯。曾经看过一个新闻，说是每年寒暑假的第一个星期天，许多大型商场都会挤满一家三口的购物者，原因是孩子考试前，家长往往许诺，考得好就给买高档玩具、衣物、电子产品等，这次是来兑现承诺。当然，一些成绩没有达到家长要求的孩子，是绝对享受不到这种待遇的，不仅如此，"你真蠢""没见过你这么傻的"此等咒骂劈头盖脸，整天不绝于耳，整个家庭被愁云悲雾笼罩着，失去了往日的欢笑和温馨。

殊不知，对孩子这样的过分要求，不仅对孩子的成长无益，反而会伤害孩子的身心，阻碍孩子的成长。

金健的妈妈请我去吃庆功宴，她的儿子考进了一所重点大学。宴席上，趁金健的妈妈出去接电话，金健悄悄地跟我说了许多自己学习的压力，十分感慨。他说："我现在真感觉自己像是一个解放了的囚徒。多年来，妈妈无止境地加码，压得我实在喘不过气来……每当我实现了妈妈的愿望，妈妈就高兴极了，我就成了天上的星星；当我失败了，没达到妈妈的要求，我就成了地上的狗熊，无休止的奚落就会劈头盖脸地扑来……"

"多少年来，在我的心中只有第一，必须第一，无数个第一整天在追赶着我，我真是太累了……记得有个星期天妈妈出门，我做完作业和邻居家小乐玩了会儿球。这时妈妈回来了，她紧绷着脸说：'快去看书去，玩什么玩，以后考不上大学，你还有出息吗？'唉，今天我总算解脱了。"

我听着，想了想，如果金健没有考上重点大学，会怎样呢？

家长把进大学深造看作是孩子成功的唯一出路，自然而然，孩子就会潜移默化地接受家长的思想，一心一意努力奋斗，为上大学而学习。那么，在竞争激烈的社会当中，面对强手如林的考生，孩子一旦失利，没有迈进大学的校门，那他还会有出路吗？他还会有希望吗？当孩子把出路和希望都寄托在"一定"或"必须"上了，后果可想而知。

因中考、高考失利自杀、出走的事例还少吗？这还不值得父母深思吗？

有一天下班回家，走在小区里，看到一个小女孩手里拿着一张数学试卷，兴高采烈地追上前面一位妇女，喊着："妈妈，我今天数学得100分了。"

那位妈妈手里正拎着菜，也没朝试卷看一眼，就说："你没看见我正忙着吗？再说，有什么好看的，你早该得满分了，别的小朋友不是经常得100分吗？"

看得出来，那个小女孩本来是想让妈妈夸奖自己一番，想和妈妈一起分享自己的快乐。没想到，妈妈的一瓢凉水泼得她一点儿兴致都没有了。

后来听小区里的人说，那个小女孩并不是一个在学习上十分聪明的孩子，但她对自己的学习成绩很在意，把学习作为自己生活的重要内容，她希望自己能够获得好成绩。她是一个在学习上努力、勤奋的孩子，自尊心很强。

对于这样一个孩子，那位妈妈的处理态度明显是不对的。

父母的思维不要绝对。要让孩子多渠道地思考问题，不要把人生的希望放在"必须"和"唯一"的赌注上，一定要从"一旦失利，就无法承受"的思维方式中解放出来，像有的家长教育高考落榜的孩子"榜上无名，脚下有路"，这就避开了"必须""一定"等绝对信念,取得了好的教育效果。

父母要针对孩子自身的特点和基础正确地引导孩子进步。只要孩子努力了,达到什么程度都要欣然接受,千万不要用过高的期望来给孩子的心理加压,以免造成悲剧和遗憾。

每个父母都应该明白:要求适当,才会有利于孩子身心健康;目标合理,才能够促进孩子成长成才。做棵大树是对你的期望,做颗茁壮的小草,我也尊重你。

采撷孩子的"特殊时刻"

一个星期五的下午,幼儿园举办了亲子乐园活动,要求家长一起参加。这个活动,幼儿园会定期举办,一来是增加孩子游戏的乐趣,培养孩子良好的性格,二来也是为了融洽父母与子女的关系,记录孩子的美好瞬间。

区域活动时,婷婷、安琪、小宇等几个小朋友都选择了建筑区。经过商量,他们决定要建一个动物园。婷婷被推选为小组长,她有模有样地给其他小朋友分派了任务。安琪和小宇分在一组,负责搭建熊猫馆,两个人一边商量,一边着手开始搭建。小宇负责运送材料,跑来跑去,忙得不亦乐乎,时不时还会停下来给安琪提一些建议:"熊猫长得太胖,门要留得大一些。门外再种些竹子吧，大熊猫最爱吃竹子了。"

不过，由于小宇的身体比较胖，动作不灵活，搬运材料的时候一不小心碰倒了安琪搭的熊猫馆。见到此状，安琪立刻大叫起来："你怎么这么笨呀！总是在添乱。我不要你了。"小宇听了她的话，委屈极了，眼里含满了泪水，垂头丧气地穿上鞋子，默默地走到了我的身边，问："老师，我真的很笨吗？"

我摸了摸他的头，说："你才不笨呢，我刚才都听见了，你给安琪提的那些建议都非常棒。而且你在给小朋友运送积木时，没喊过一声累，一看就是一个真正的小男子汉。只要你做事的时候再小心一点，那样你肯定能做得更好。"

听了我的话，小宇擦干了眼泪，脸上又露出了自信的笑容。这时候，安琪走了过来，红着脸说："小宇，刚才是我不好，对不起，我不该说你。我们俩重新搭吧！"小宇充满信心地点点头。不远处，小宇的妈妈可没闲着，她一直都在场外观察。看到小宇搬积木，她拍一张；看到小宇在给同伴提建议，她拍一张；看到儿子将人家的房子碰倒了，她也"咔嚓"来了一张……

活动一结束，其他的家长都忙着发朋友圈，小宇妈妈却找了个快速打印店，把小宇的这些照片打印出来，递给小宇，小宇开心地笑了。

作为父母，要学会用赏识的眼光仔细观察，再平凡的孩子，我们也能发现他们的魅力。在幼儿园里，小宇虽然动作不灵活，但他敢想肯干，爱动脑筋，而小宇的妈妈就是利用他的这个长处来表扬他、鼓励他的，所以小宇成长得很好。

在成长的过程中，其实每个人都会遇到这样那样的难题，都会感到彷徨、无助，也会取得这样那样的好成绩，想要与人共同分享，需要在他人的赞美声中获得自我肯定。在这些时候，父母的一句鼓励，会让孩子获得无穷的力量和勇气；父母的一句赞美，也会让孩子体验到成功的喜悦。

在幼儿园和小宇同一个小组的果果，经常被评为"环保小卫士"，她经常把幼儿园里的果皮、纸屑捡起来放进垃圾箱。

不过，最近我发现果果保护环境没有以往那么积极了，细细询问原因，原来是因为果果的爸爸妈妈在忙其他的事情，也觉得果果环保方面的表现已经受到了肯定，便不再表扬她的这种行为，就连果果拿回"环保小卫士"的奖状时，他们也只是随意看了一眼，就再也没有提起。

果果的积极性受到了打击，慢慢失去了保护环境的兴趣。

我跟果果的妈妈交流了这个情况，为了鼓励女儿，果果的妈妈决定将女儿的良好行为拍下来。从那以后，看到女儿扫地，就拍一张；看到女儿把垃圾捡起，就拍一张；看到女儿帮助了老人，就拍一张……在这些相片的鼓励下，果果的积极性又提高了。

还有一个孩子叫冬冬，他有一段时间特别调皮，经常在幼儿园里惹麻烦，不过他本质上又是一个好孩子，主动做好事，比如把摔倒的小朋友从地上扶起来、帮粗心的阿姨找到丢在角落里的钥匙……

我和冬冬的妈妈商量过后，统一采取了表扬的方式。看到冬冬帮助人的时候，我就会充满喜悦地赞扬孩子："冬冬真懂事，这么小就知道帮助别人，将来长大了一定会了不起！"为了更好地鼓励冬冬，冬冬的爸爸妈妈还将对儿子的鼓励话语录了音，或者是拍短视频发到朋友圈。儿子只要一听到或看到，就会信心十足。

在父母的赞扬声中,冬冬一天天懂事了,不再沉湎于捉弄别人带来的小乐趣中,而把精力转移到帮助别人上。

俗话说,锦上添花不如雪中送炭,之所以雪中送炭容易被人记得,那是因为被帮助的一方处于落难的特殊时刻。在对孩子的教育上其实也可以借鉴这个道理,父母如果记住孩子的"特殊时刻",孩子一定会受到更多的感动,建立更多的信心。

当然,这需要父母耐心,细心,给自己"慢慢来"的勇气。只要做父母的不急躁,迟早会采撷起孩子生命里的点滴闪光时刻。这些点滴,积累到一定程度,量变就会成为质变,帮助父母找出孩子的优势,帮助孩子更好地发展潜能。

第二章

有什么可强求的

——规划孩子终究是徒劳的

　　每个孩子,都是独立的个体,都有自己的人生轨迹。父母无论如何费心去规划孩子的未来,最后还是不得不承认,很多努力都是徒劳的。

别把自己的愿望强加给孩子

我经常看到身边的很多父母劳心劳力，几乎把自己的孩子当成了"弱智儿童"。

我认识的一位妈妈就是这样。孩子外出玩耍刚回家，她就对自己的孩子说："孩子，以后别总是和那些调皮的孩子一块玩。多和楼上的欣欣玩，人家学习多好，多向人家学习学习。"

逛超市时，孩子挑了一个玩具，她会拿过孩子手里的玩具，对孩子说："这个玩具不好，还是那个玩具更能增长智慧，对你有用。"

夏令营前一夜，她会把整理好的东西放在孩子床头，对孩子说："孩子，你要带的东西，妈妈帮你整理好了，明天别忘记了啊。"

这些场景，相信很多父母都不陌生，甚至一些父母就是这样做的。但你们发现没有，父母这样做，并没有真正帮助到孩子，而是在限制孩子的行为和思维。孩子到底要什么、喜欢什么，孩子自己知道，而父母其实并不知道，更多的是他们按照自己的思维、经验、习惯来"帮助"孩子做选择，甚至采取强行的措施，告诉孩子这个不能做，那个不能拿，这个人不能做朋友，那个人有什么缺点……

在西餐厅，我看到一对母女进来用餐，母亲快速地下了单，就招呼服务员过来。

服务员重复了一遍单子后，问女孩："饮料还没点呢，小朋友，你想喝什么呢？"母亲抢着回答："不用了，点过一个罗宋汤了，不要饮料了。"

女儿眼睛里闪过一丝不满和忍耐，被细心的服务员看在眼里，他没有听这位母亲的话，而是再次微笑着询问："小朋友，你是要罗宋汤，还是要饮料呢？"

"我不要罗宋汤，我要喝橙汁。"女儿突然回答，"而且我也不爱吃意大利面，我想吃牛排，我也不喜欢虾球，我要换鸡翅……"

"你这小孩今天怎么了？"母亲非常奇怪，"我们又不是第一次来这里吃西餐，每次不都是这样点的吗？"

女儿咬咬嘴唇，终于说出来："每次都是你点的，又不是我点的，你从来也没问过我爱不爱吃，就按你的想法点了！"

母亲吃惊了，不知道说什么好。

曾经有一个心理学家做过一个研究，研究得出一个结论，当被问及"你要喝什么"时，回答"我想喝咖啡，不想喝红茶"比回答"什么都可以"的人将来在社会上更有作为。因为能够明确回答自己想法的人在遇到事情的时候更会有自己的主见，而且也敢于表达自己的主张。

因此，父母要试着让孩子表达自己的想法，不要总试图牵着孩子的手往前走。在生活当中的很多事情上，父母要让孩子自己做决定。

就拿用餐的事情来说，很多父母会担心孩子的身体健康，强行要求孩子今天吃什么、明天吃什么，即便其中有很多食物，孩子明确地表示自己并不喜欢。其实家长完全没有必要这样做，在不影响孩子饮食均衡的情况下，应该让孩子自己选择要吃什么。

除了要让孩子自己做决定，父母还要学会询问孩子的想法。

我有个学生的母亲伤心地跟我说，孩子才上小学，就不听话了，有一次她未敲门就进入儿子的房间，儿子竟恼怒地大声问道："有什么事？为什么不敲门进来！"

母亲十分伤心："白养这么大了，怎么这样对待我？"

可是后来我了解到这个儿子的想法。他说："我看书写作业时，有时学着学着，感到背后有声音，猛一回头，发现妈妈或者爸爸，正在偷偷地看我。每当这时，我就觉得自己像被监视，气得跟他们吵。对他们不敲门进房间的行为，我特烦。"

原来是父母"看"着孩子学习，引起孩子的反感。这件事情表明孩子需要父母的尊重和理解，他们也有自尊，父母在做事情前，应该询问孩子的想法。任何一个人，如果没有自己的想法，他等于就是一个"没用的废人"，一辈子都可能在浑浑噩噩中度过。这是一件很可怕的事情，任何一个父母都不希望自己的孩子以后过这样的生活。

做父母的，不要把自己的愿望强加给孩子。要放手让孩子做力所能及的事情，给孩子充分的自由，使他们在探索与实践中提高自信，获得自尊。还要积极聆听孩子的意见，使孩子能获得人格尊严和自我价值的满足，从而增强自信。

给掌心的沙子留点空间

有时候下班后，我会选择走路回去，因为离得近。走路回去时，常常会路过一个小店，店主是一对夫妻，二人有一个正在上小学的女儿。很长一段时间，我总能看见小女孩独自坐在店门口弹琴。

那时候都已经是初冬了，傍晚的风已经让人觉得冷飕飕的了，可那个女儿还得在风中练琴。有时候练了几遍，回头泪眼汪汪地望望身旁的母亲，眼神好像在问：我可以休息了吗？可母亲一点儿也不心软，严厉地说："又想偷懒，时间还早，接着练。"小女孩很无奈，只得回过头极不情愿地继续着。

琴声在我的身后回荡，那声音虽然清脆悦耳，却分明夹杂着一丝无奈。

一只手捧一把沙，握得越紧，手中所剩的反而越少，因为那些从指缝中间漏掉的，全是因为自己太用力、太想拥有的缘故。人生中许多事情都是这样，过犹不及。就像我经常遇到的那个小女孩的母亲，把孩子的一切都握在手里，她能够得到自己想要的一切吗？

时下的家庭教育，很多父母都是这样，管得太多、太严，孩子吃什么，穿什么，玩什么，业余时间做什么，上哪儿去，都要一一报备,孩子在生活当中找不到自我发展的空间。

有时候,父母应该明白,给掌心的沙子留点空间,也许就不会有沙子从指缝中漏掉了;不要把孩子抓得太紧,适当的时候就要学着放手。

父母应该成为孩子学习的激励者、辅导者,各种能力和积极个性的培养者,而不是包办者、束缚者。给予孩子较大的自由度去探索研究自己感兴趣的问题,使孩子去关心现实,了解社会,体验人生,积累更丰富的人生经验和实践知识。

孩子也是独立的个体,有着自己的观念和判断。也许他们的生活经验还不足,在生活中会犯一些错误,但孩子犯错误是可以理解的,也是必要的,因为他们的认知不够。在成长的过程中,孩子需要吸取教训,积累经验,为以后的发展奠定基础。只有给孩子独立的空间,才能培养出健康的心态,才能在将来独自撑起一片天。

那么,父母应如何做到从小给孩子真正意义上的独立空间呢?

首先,父母要树立构建理想的自由环境的目标。

家庭教育对孩子兴趣、爱好、理想的形成,应是潜移默化的,父母要通过自身的榜样力量,对孩子施加影响。父母应该明白,孩子虽然是父母生命的延续,但并不能当作实现父母理想的替代品。他们有寻找与选择的权利,考理工大学还是农学院,将来当音乐家还是新闻记者,都是他们的自由,都应该由他们自己选择。

父母不该把自己的理想、愿望强加在孩子身上,因为如果刻意控制孩子的愿望,甚至控制孩子未来走的每一步,那么,孩子将会产生沉重的心理负担，甚至出现逆反、叛逆的行为。

其次，父母应该给予孩子在学习上的自由。

在中学之前，孩子或许没有足够的自制力，父母或许需要进行一定的督促。可是，当孩子上了中学，具备了自主学习的意识，良好的学习习惯也已经基本养成，父母就不需要频繁地督促、激励，即使是孩子有些科目成绩不大理想，也不要频繁唠叨，而应该想其他办法。

有些家长看到自己的孩子上了中学，学业繁重，升学压力又大，因而不惜付出自己的全部业余时间，为孩子"伴读"，想在精神上给孩子以鼓励和安慰。但是，这样的做法，无论是对孩子的学习效率，还是孩子终身的学习习惯来说，都没有任何益处。过于关注他们的学习情况，会加大孩子的心理负担，或者让孩子产生依赖的心理，丧失了自主学习的意识，后患无穷。所以，父母应该有意识地培养孩子自主学习的能力，包括让孩子根据自身的情况，制订学习计划，为自己的学习做好时间安排，有选择地进行课外阅读等。具体的做法是，尽量避免频繁地督促孩子去学习，有意识地留给孩子足够的自主学习的空间，让孩子体会到自己是学习的主人，满足他学习的成就感。

再者，父母应该给孩子休息和娱乐的自由。

学习越紧张，压力越大，就要越讲求休息的质量。休息直接影响着情绪、胃口以及学习效率。充足的休息，有益于大脑的工作。

除了休息，娱乐也同样重要。适当的娱乐可以调剂精神状态，放松紧张的心理，刺激大脑处于兴奋状态，有利于提高学习效率。所以，给孩子休息与娱乐的自由是必要的，让孩子适当调整学习状态,劳逸结合。

最后,父母应该给予孩子交友的自由。

随着年龄的增长,孩子逐渐形成成熟的价值观,对友谊的认识也上升了一个层次,不再局限于一起玩玩闹闹,他们渴望寻找到与自己志同道合的伙伴,进行深层的思想交流。与朋友进行交流,有利于宣泄生理与心理方面的不适,缓解精神上的负担。但是,很多父母会担心孩子交到不好的朋友,可如果采用专制手段,为孩子选择朋友,限制他们的自由交往,很少能够取得好的效果,还会使孩子产生压抑感,甚至影响心理健康。所以,父母应该做的不是限制,而是为孩子制定几条根本上的交友原则,和孩子讲道理。

父母的规划,就一定适合孩子吗?

亲戚家的孩子李欣是高三学生,学的是理科。虽然他的数理化成绩都不错,但他更喜欢文科。高考前,学校组织大家填报大学志愿。

老师说,填报志愿非常关键,因为填报的志愿从某种程度上能决定未来的工作,甚至是未来的人生之路,要求学生要重视。

老师的话引起了李欣的思考:"我该给自己选择怎样的人生

之路呢？"他决定听听父亲的建议。回到家后，李欣对爸爸说："爸爸，您说我该报什么专业？"

爸爸说："就报最热门的金融专业吧，以后找工作会容易一些。另外，你毕业后还可以到海外留学发展。"

李欣说："爸爸，虽然我的理科成绩不错，但我更喜欢中文。"

"在大学里学中文有什么意思呀，还是报金融专业吧！爸爸当年的梦想就靠你来实现了。再说，你看现在金融人才多吃香呀。爸爸就希望你能成为一流的金融人才，到时候去美国华尔街发展。那样，爸爸的脸上也有光呀！"爸爸开始憧憬了……

李欣说："爸爸，我想以后从事弘扬中华传统文化的工作。您要支持我的选择呀！"

爸爸觉得和儿子说不通，开始有点火了："你懂什么？我吃过的盐比你吃过的米还多！不要和我在这里争辩，知道吗？"

爸爸没有从孩子的角度考虑，一味地强调自己的意志，而且还把自己年轻时没有实现的梦想强加给了孩子。可想而知，孩子会是怎样的感受，会不会影响高考复习，进而影响高考成绩呢？

我的另一位朋友也是这样。朋友从小喜欢舞蹈，后来因为一场车祸导致了骨折，朋友就没有学下去。她一直觉得可惜，于是在女儿5岁的时候就给她报了舞蹈班。

结果老师教了几节课后，皱起了眉头："我发现您的孩子实在是不适合学舞蹈，她一点也不喜欢，又怕疼……"

朋友不以为然："小孩子懂什么，舞蹈当然疼了，学舞蹈练气质。"

"可是，她一进教室就哭个不停，严重影响其他小朋友上课……"老师很为难。朋友却不为所动，甚至不惜"重金"给孩子请了家教,亲自坐在一边监督,并指点议论。最后,老师终于忍不住说:"我看,您的孩子是真的不喜欢学舞蹈,为什么您非要逼她呢?从您的话里,我倒觉得是您自己喜欢舞蹈,可是,假如是您自己喜欢学,您可以自己学啊,何必强求孩子完成您的梦想呢?"

朋友怔住了,心想,这位老师说得有道理,是啊,自己喜欢的,不代表孩子非要喜欢,自己未完成的梦想,干吗非要延续到孩子身上呢?

父母不可以按照自己的意志去塑造孩子,更不可以强行按自己的想法规划孩子的未来。

很多父母当年有过想当音乐家、画家、建筑师、律师,或者考上名牌大学的梦想,但因为各种原因让这些梦想化成了泡影。

于是,他们把这种梦想寄托在孩子身上,希望孩子能够圆他们未圆的梦……但是,孩子是一个独立的个体,不是父母的复制品,父母这种做法看似为孩子好,实际上是一种变相的自私和自我满足,你的规划就一定适合孩子吗?

与其把自己当初没有圆的梦想强加给孩子,不如与孩子一起去圆他自己那个美丽的梦想,让孩子在你的赞赏、鼓励、支持中找到向前迈进的动力,按照自己的兴趣与能力发展,实现梦想。

请让孩子输在起跑线上

　　我曾经教过一个叫聪聪的小男孩，从小就像他的名字一样聪明。3岁时就能背出百首唐诗，不仅是"床前明月光""春眠不觉晓"这样的短诗，连白居易的《琵琶行》这样的长诗也能一字不差地背诵下来。聪聪不仅喜欢背诗，对阅读也情有独钟，尤其爱看绘本故事书。

　　但家里的人，特别是他的母亲，总想让他的天赋得到更好的发挥，好让他尽快地进入神童的行列。于是给他买回小学语文课本，提前教他学汉字，并严格规定每天的进度；想让他像爱因斯坦、钱学森等大科学家那样也会拉小提琴，便又找人教孩子学小提琴；又听人说，三四岁是孩子学英语的"最佳期"，英语又成了孩子每天必学的课程。这样，繁多的学习任务都压到了孩子的肩头。学汉字、练小提琴、背英语单词，都是大人强制进行的，是他自己不情愿的。既牺牲了孩子玩的时间，又损害了孩子愉悦的心情。

　　慢慢地聪聪产生了厌倦情绪，以致对书本、对知识失去了兴趣。上学后成绩也变得平平，成为现实中的"方仲永"。

　　每个孩子都是一朵含苞待放的花，不要总是纠结于它什么时候开花，要知道每种花都有不同的花期，所以父母不能着急，否则真是揠苗助长。

意大利教育家蒙台梭利说得好："每个人的成长都有一个程序，他在某个年龄特征段该领悟什么样的问题，其实是固定的，你没办法强求，过分人为地加以干涉只会毁了他。"

著名作家郑渊洁写过一篇博文——《请让孩子输在起跑线上》。他认为，近年来在教育领域对家长误导最严重的一句话是"别让孩子输在起跑线上"……倘若将人生形容为一场竞赛，"起跑线"的比喻是恰当的。但是，"输在起跑线"上只适合短程竞赛，例如百米赛。如果是马拉松那样的长跑，就不存在输在起跑线上的担忧。相反，马拉松比赛赢在起跑线上的运动员，往往由于没有保存体力，致使起个大早，赶了晚集。

郑渊洁的一段话准确地道出了现在家庭教育的弊病。

孩子的成长要遵循自然规律，像自然界"春夏秋冬"的展开一样。

美国研究儿童心理的专家格塞尔认为，支配孩子心理发展的因素有两个，一个是成熟，一个是学习。两者权衡，成熟更为重要。他曾做过一个著名的实验——双生子爬梯。其中一个从出生后48周起，连续6周每天做10分钟爬梯训练，到第52周，他能熟练地爬上5级楼梯。另一个从53周才开始进行爬梯训练。两周以后，不用别人帮助，他就可以爬到楼梯的顶端。

由此，格赛尔得出结论：不成熟就无从产生学习，学习只是对成熟起一种催化作用。无目的地提前训练，可能给孩子带来生理和心理上的负担，影响孩子对学习的兴趣，对人和事的兴趣，甚至影响他们对生活和未来的态度。

父母要明白，孩子喜欢什么，这是他的个人权利，父母没有强加干涉的资格，因为，孩子也是一个人，他有独立的人格。父母应当做的是顺其天性，对孩子的兴趣进行正确保护和培养，让兴趣成为孩子走向成功之路的导师，而不是强迫他做出改变。

父母总以为自己的人生阅历丰富，因此要为孩子规划未来的路。表面上看，父母这么做是在帮助孩子，但这样的行为其实并不利于孩子的发展。孩子虽然小，但他也有自己的兴趣爱好，父母的强制要求，是一种不尊重孩子的表现，只能让他失望。我们总说"兴趣是孩子的老师"，强迫孩子去学他不感兴趣的东西，又谈何让他去做"生活的主人"？

梦想是纯真的，有什么好嘲笑的

"气死我了，你说我们家孩子怎么就那么没出息！"在一次姐妹聚会上，已为人母的杨子对我们大倒苦水，"今天老师发了一张调查表，要求每个孩子都填一下，结果，你们猜怎么着？我女儿在'我的理想'一栏里写的是'卖冰激凌'！"

我们先是愕然，接着也忍不住笑出声来，有人问："你女儿很喜欢吃冰激凌吧，估计是她自己想吃。"还有人说："小孩子嘛，她写什么何必当真？"

"俗话说三岁看老啊！"扬子振振有词，"怎么能不较真呢？虽然我和她爸爸不是什么大人物，好歹也没少给她费心，画画、围棋、乐高什么都报了，怎么她就这么点出息呢？"

"那你问问她为什么要卖冰激凌？"我插嘴说。

"肯定是她嘴馋，我当时就把她教训了一顿：如果她那么喜欢卖冰激凌，干脆别在这个家待了，我把她送给楼下小超市的老板娘做女儿去，这样她天天就能吃冰激凌！"杨子越说越生气。

后来，杨子逼着孩子把"我的理想"改成了"画家"，她觉得这样至少"看上去不会闹笑话"。

一个多月后，女儿的画画成绩并没有提高，反而越来越退步了，杨子在接女儿下课的时候，走过培训班边上的网红雪糕店，触景生情，忍不住又挖苦了一句："我看你人在画画，心里就想着冰淇淋吧？"

不料女儿沉默了一下，终于鼓起勇气喊道："妈妈，我就是不喜欢画画，你非我要画，我一点也不开心！你看每一个来买冰激凌的小朋友都很开心，他们都在笑！我觉得卖冰激凌才是一件开心的事情！"

杨子震惊了，不知道说什么好。

有时，父母也不是故意想取笑孩子，只是不自觉地说出了自己的感受，但就这样一句不经意的话，对孩子造成的伤害是非常大的。

孩子的梦想，如果以成人的世界观去衡量，免不了被认为"幼稚""可笑"。成人会认为"做这个有什么出息""做那个赚不了钱"，但是，在孩子的世界里，没有那么多功利的因素，每个孩子的梦想都是纯洁而珍贵的。如果父母忽视孩子的自尊心，肆无忌惮地嘲笑，可想而知对孩子造成的伤害。

儿子最喜欢的一个故事,也是大家特别耳熟能详的故事,是关于一个叫瑞恩的小男孩的。

瑞恩出生于加拿大的一个普通家庭, 他6岁上了小学一年级。有一次上课,老师在讲述非洲当地的生活状态,那儿的孩子不仅没有玩具,更没有足够的食物和药物,甚至很多人都喝不上干净的水,很多人因为喝了有污染的水而死。

瑞恩听到老师说:"我们现在用的每一分钱都能够帮助到非洲地区的人,一分钱可以买一支铅笔,60分钱就能帮助一个孩子支付两个月的医药开销,2加元就能买一块毯子,70加元 (约380元人民币)就能帮助他们挖一口井……"他十分震惊,心中顿时萌发了为非洲的孩子挖一口井的想法。

瑞恩的妈妈听说了瑞恩的想法,笑了笑,但她没有认为瑞恩是三分钟热度,而是认真地说:"家里没有那么多钱,你要捐70加元的想法很好,但妈妈认为你要自己付出劳动来获得这笔钱。从现在起,你做的每一份家务活,都可以折算成工资,妈妈相信你慢慢积攒,一定可以积攒到70加元。"

于是,瑞恩开始承担家务。兄弟们出去玩了,他在家打扫两个小时卫生赚了两加元;一家人出去过圣诞节,他在家擦玻璃又赚了两加元;有时候一大早起床帮爷爷除草;有时候下雪了,帮助邻居铲雪……

就这样,四个月过去了,瑞恩攒够了70加元,他兴奋地交给了国际组织,但工作人员却告诉他:"小朋友,70加元只能买一个水泵,挖一口井需要2000加元。"

瑞恩尽管很沮丧,但他没有放弃,继续努力赚钱。过了一年多,在家人和朋友的帮助下,瑞恩终于攒够了钱,在乌干达的安格鲁小学附近捐助了一口水井。

事情到这,并没有结束,非洲那么大,还有很多人喝不到干净的水,瑞恩决定攒钱买一台钻井机,这样才能挖更多的水井,让每一个非洲人都喝上干净的水。瑞恩一直在坚持着这个梦想,后来,他的故事被登在了报纸上。

5年后,这个当初只是一个6岁孩子的梦想的项目,吸引了成千上万的人参加进来,后来,名为"瑞恩的井"的基金会正式成立。如今,基金会的筹款已经达到近百万加元,在非洲国家造了30多口井。瑞恩因此被评为"北美洲十大少年英雄"和"加拿大的灵魂",他影响着越来越多的人去帮助和关爱他人。

在故事的开始,瑞恩的妈妈没有嘲笑孩子的"异想天开",也没有代替孩子去实现,而是提出一个建议,让孩子为他的梦想付出一份踏实的努力,这值得每一位父母学习。

很多孩子从懂事起,就被父母问:"你长大了想要做个什么样的人?"但是,当孩子真的说了出来,却落得父母的嘲讽和挖苦,这是为什么?

虽然孩子的心愿,在成人眼里看来是匪夷所思的,甚至异想天开的,或者是荒唐可笑的,但请你不要当着孩子的面嘲笑,要知道,梦想是纯真的,有什么值得嘲笑的。

正如日本思想家池田大作所说:"孩子在成长阶段时的自我意识,还是非常脆弱的。因此,父母要像农民那样,小心地铲草施肥,其责任确实重大。但是,若不施与肥料,而洒上毒药,更会使好不容易生长出的生机勃勃的嫩芽一下子枯萎了,这是众所周知的。这毒药出人意料地藏在你们的身边——包含在父母随口所说的语句中。"

善待孩子的朋友

在成长过程中,孩子是需要朋友的。但是,孩子交往的朋友不一定都能令父母满意。于是,有些父母就喜欢按照自己的意愿要求孩子去选择朋友,这给孩子带来了一定的心理压力,甚至还会引起孩子的逆反心理。

我同事雨欣的女儿冰冰,在班上担任班长,班里有一个叫诚诚的女孩,是公认的"差生"。很多同学都对她"敬而远之",不愿意和她同桌。作为班长的冰冰却主动提出和诚诚同桌,和诚诚交朋友,这让雨欣很为冰冰担忧,心里总像压着一块石头,有些沉甸甸的感觉。

自从冰冰和诚诚交上朋友后,每天她放学回来,雨欣都会忐忑不安地问:"诚诚有没有影响你的学习?上课的时候有没有捣乱?有没有带着你去做什么坏事?"冰冰不仅一五一十地回答雨欣的问题,还惊喜地告诉雨欣她的最新"发现":诚诚非常能干,什么家务活都会干,还能做饭;诚诚对爷爷奶奶十分孝顺,什么好吃的都留给他们;诚诚很聪明,学东西特别快;等等。

一天,冰冰把她的英语考试试卷拿回来了,雨欣一看,才考了82分,就生气地说:"你怎么才考了这么一点分,是不是和诚诚一块疯去了?"

冰冰不紧不慢地说："妈，不是的，这次试卷特别难。"

"再难也不至于一下子下降十几分吧，你肯定是受诚诚的影响。被那个丫头带坏了，明天我就去找老师，不允许你再跟她同桌。"雨欣说了一大堆，冰冰的脸涨得通红，眼泪在眼眶里打转，可她什么都没说，只是默默地回了自己的房间。

第二天一大早，雨欣就心急火燎地去学校找王老师。王老师一见雨欣，就不停地夸冰冰，说她聪明、乐于助人、成绩优秀。说到成绩，雨欣赶紧说："王老师，她现在成绩下降得可厉害呢！昨天的英语考试才考了82分。"王老师笑着说："昨天的考试是竞赛题，难度很大，82分不算低了！"听了王老师的话，雨欣长吁了一口气，同时心里也为错怪了冰冰和她的朋友而隐隐有些不安。

那天晚上，雨欣特意准备了一桌丰盛的晚餐，招待冰冰的朋友诚诚。诚诚告诉雨欣，自从和冰冰交往后，她改变了很多，也想学习了，只是由于基础太差，学起来有点吃力。听了诚诚的话，冰冰马上说："诚诚，你以后放学就来我家，我们一起做作业吧，你不会的我教你。"诚诚没有说话，只是用眼睛看着雨欣。雨欣明白诚诚的意思，赶紧爽快地说："行，你来吧。"诚诚笑了，笑得很甜。

就这样，诚诚成了冰冰形影不离的好朋友。和诚诚交往后，冰冰也改变了很多，变得爱说爱笑了，也变得勤快能干了。雨欣知道，这些都是在潜移默化中受了诚诚的影响。

对于孩子间的交往，父母既不能草木皆兵，任意破坏孩子与朋友之间纯真的感情，也不能听之任之，使孩子陷入不当的交际圈。而是要充分利用孩子喜欢交往的心理，因势利导，正确地引导和帮助孩子建立纯真的友谊。

我有个远房的表姐,她女儿上了初中后,表姐就开始对女儿的人际交往干涉得越来越多。表姐倒也没有使用强制手段,只是不断在孩子面前叨叨,比如,女儿说要和<u>丝丝</u>去玩,她就说"<u>丝丝</u>那个丫头,上次我看到她和一个男生很亲热地拉着手过马路,你可要注意,别让她把你带坏了!"女儿和兰兰在一起,表姐就说:"兰兰她家是开小吃店的吧?小店的女孩子,气质不好,而且容易跟她妈妈一样爱占小便宜……"

终于有一天,女儿忍无可忍,大声抗议:"妈!请你尊重我的朋友!不要在我面前说她们的坏话!"

那以后表姐觉得女儿开始有意识地躲着她,她苦恼之下跟我说:"初中是学习的关键时期,而且这个年龄段的女孩,也是最危险的时期,我真怕她交上一些不三不四的朋友,影响她一生啊!"

我对表姐说,父母这样过分挑剔显然是错误的,你其实不应该过多地去干涉孩子的交友,没有一个家长知道孩子需要什么样的朋友,当你替孩子筛选朋友的时候,其实是在替孩子选择孤独。

父母要充分认识"善待孩子的朋友就是善待孩子"的道理,不能太功利,交友应该是广泛的,交友的目的也应该是多方面的,只要是正常的朋友,他们在相处和沟通过程中就各自都能有所获得。

父母们要明白,在与朋友的互动过程中,孩子不但受朋友的影响,同样也能影响自己的朋友,所谓"被朋友带坏"的可能性存在,但是也可能通过自己的影响,帮助朋友向好的方面转化,孩子也能从中得到人生经验。

　　所以,按照教育家们的观点,父母们首先要顾及孩子自己的愿望,在尊重孩子的基础上,鼓励孩子交朋友,善待孩子的朋友,一旦遇到孩子交往的朋友具有潜在的危险或不安全因素时,应果断地阻止他们的交往。但是一定要把握好度,不要过于挑剔,妨碍孩子的社会化进程。

第三章

有什么可攀比的

——每个人都有不如别人的地方

所有的焦虑，都来自比较。不要把焦虑转移到孩子身上，更不要把人性的恐惧、贪婪、功利也给了他。

别用"别人家的孩子"拉仇恨

中考结束后,张梅的妈妈约我一起吃饭,途中谈到了吴敏的妈妈。

吴敏和张梅是邻居,又是同班同学,关系一直挺好的。张梅从小学到初中,一直是班里的学习尖子,担任过学习委员、班长等职务;而吴敏学习也很用功,但她不如张梅的头脑灵活,再加上学习方法不当,所以成绩总是在中游水平上徘徊。

最近中考成绩出来了,张梅不负众望以优异的成绩被市重点中学录取,而吴敏只进入了一所一般的中学。吴敏的妈妈看到这样的结果,虽然之前就有心理准备,但还是非常生气,她觉得吴敏没出息。

有一天,张梅的妈妈去串门,看到吴敏母女俩为了一件小事而发生争执,吴敏的妈妈控制不了自己心中的怒火,见到张敏的妈妈来了,就恶狠狠地对吴敏说:"你这个不争气的东西,我怎么就没生一个像张梅那样的孩子?"

张梅的妈妈在边上听着挺尴尬的。从那之后,吴敏和张梅的关系就不好了,就连张梅的妈妈也不知道如何去面对吴敏和她妈妈。

都说:"人比人,气死人。"家长自己都明白,鉴于各种因素影响,人与人之间是不可比的。有的家长自己知道这个道理,不和别人比,却常拿自己的孩子去比。其实,这种对比,对孩子的成长是极其不利的。

在很多父母的眼中，别人的孩子是天才，自己的孩子是蠢材；别人的孩子是金子,自己的孩子是沙子。

如果孩子没有受到足够的表扬，却老是面对和别的同龄人相比的情景，便会感受到"冷落",时间久了,孩子就会变得郁闷,会刻意避开父母,甚至和家长出现对立情绪。

于是,就有了那篇经久不衰,火遍网络的——《别人家的孩子》体裁文:

"茫茫宇宙中,有一种神奇的生物,这种生物不玩游戏,不聊QQ,天天就知道学习,回回年级第一。这种生物可以九门功课同步学,妈妈再也不用担心他的学习了……这种生物叫做'别人家的孩子'。这种生物考清华,望北大,能考硕士、博士、圣斗士,还能升级黄金、白金和水晶级;他不看星座,不看漫画,看到电脑就想骂;这种生物琴棋书画样样精通,甚至会刀枪剑戟斧钺钩叉,而我们只会吃喝拉撒;这种生物长得好看,写字好看,成绩单也好看，就连他的手指甲都是双眼皮的……这种生物每天只花10块钱都觉得奢侈浪费和犯罪，这就是感动中国十大人物之——'别人家的孩子'！"

很多孩子表示,这篇帖子说出了他们的心声,根据一项社会调查结果表明,有将近六成的学生表示,父母经常会在自己面前提起别人家的孩子是多么优秀，或者拿别人家孩子取得的成绩来刺激他;剩下的四成学生当中,其中只有一成的学生说自己的父母很少在自己的面前提起别人家的孩子。

在孩子们眼中,父母的"别人家的孩子"的激励方式奏效吗?是让孩子更加奋发还是适得其反呢?

几乎有90%的学生表示很反感,认为这种比较毫无意义,还有学生把父母的这些话当成耳旁风,一笑而过,就当没有听到……

父母可能对孩子的情绪并不理解,他们认为自己是在激励孩子,但,设身处地地站在孩子的角度上想一想,或者换位思考一下,如果自己的孩子每天都在说"别人家的爸爸妈妈如何如何好",为人父母的会有什么感受?

任何比较都是有害的。每一个孩子都有自己的个性,每一个孩子都应该在自己实际的基础上发展,而不是单纯做别的孩子的复制品。

可是,对孩子而言,他们的成长过程具有秩序性,凡事各有所序,有时候大人提出的要求不是做不到,而是他目前的能力还没有到这个阶段,只有到了下一个阶段,他才有可能做到。

老公单位的同事有一天在午休时抱怨自己的太太永远不知道满足。他儿子有一天被评选为学校的中队长,心里特高兴,一回到家就忍不住跟他"炫耀",炫耀才一半,他的太太就冷冷地来了一句:"大队委的候选人有你吗?"

像这样的妈妈,不在少数,很多父母总是很"贪婪",他们的标杆永远超越孩子的真实水平,在这样标杆下培养出来的孩子永远都不会产生真正的成就感和幸福感。

因此,父母应该依照孩子的天性和兴趣选择适合孩子的教育方式,为他制定合理的目标,积极寻找孩子的优点;不拿别人家的孩子跟自己的孩子比,而应该拿自己孩子的今天跟自己孩子的昨天比，只要有了进步，就值得祝贺、肯定、鼓励，这样，孩子就能够发挥自己的水平，甚至还能超常发挥。

晒娃停不下来，怎么办？

我有个认识十几年的同学，叫吴丹丹，她最近搬家到离我很近的小区，联系也多了起来。吴丹丹的女儿叫黄婷婷，最近学会算算术了，小姑娘比较聪明，算术会得很溜。每次我去她家做客，吴丹丹都会要求女儿在我面前表演算术，黄婷婷也是张口就来"1+1=2，2+2=4，4+4=8，8+8=16……"

我一开始听了，觉得这小姑娘太有天赋了，特别聪明，就夸奖孩子："这孩子真聪明，记忆力怎么这么好啊！"听吴丹丹说，她经常让女儿在客人面前表演，那些人总是夸黄婷婷"这孩子不简单啊！""还用说啊？她妈妈是谁啊！她妈妈就这么聪明，怪不得呢。"吴丹丹听了心里美滋滋的，虚荣心得到了很大的满足。

后来，这件事就成了习惯似的，每当家里来了客人，或者领孩子去参加一些活动，吴丹丹总是让女儿当众表演。尽管有时候黄婷婷看上去并不怎么乐意，但吴丹丹总是软磨硬泡地，让女儿乖乖就范。

这样的日子持续了很久，直到有一天，吴丹丹请我去她家吃饭,来的人还有她的大学同学。饭吃了一半,吴丹丹又让女儿当众表演,给大家助助兴。不料,面对着吴丹丹的期待,黄婷婷却一言不发,自顾自地吃着饭。

"宝贝乖,快点把乘法表背出来。"吴丹丹继续耐心地启发着,但黄婷婷始终不开口,又问了几遍,黄婷婷抬起头,说:"妈妈,我在吃饭呢。"

吴丹丹在众人面前拉下脸来:"叔叔阿姨都等着呢。"

"我今天不想背。"黄婷婷辩解说。

吴丹丹提高了声调:"你怎么这么没有礼貌啊?妈妈平时是怎么教你的啊?"

黄婷婷沉默了一下,大声地喊道:"我又不是给你们玩的!"

这话一说,场面就变得非常尴尬,我们一行人在旁边也不知道怎么办才好。

我看了看吴丹丹,她一脸震惊地看着女儿。

其实,孩子虽然年纪小,却也是有思想的,也需要尊重、理解、关心、鼓励和爱。没有人想成为别人的玩具。可是有的父母会说,自己这样做是为孩子着想,让孩子当众表演是为了锻炼孩子的胆量。

的确,孩子当众表演的过程,也是与他人互动交流的过程,对孩子的身心成长是有益的,可以让他在众人面前不怯生,增加自信心。但是,父母要求孩子当众表演,首先要遵循的是"以孩子为本",也就是说,如果想要孩子表演,必须征得孩子的同意,在他自愿的前提下才可以。如果孩子不想表演,父母千万不能为了炫耀孩子的聪明或者自己的教子有方,就强制要求孩子做他不想做的事情。

在孩子不想被炫耀的情况下，一次两次的新鲜刺激，对孩子是一种锻炼，别人的夸奖对孩子来说也是一种鼓励，但次数多了其实也没有任何意义。

宋朝王安石写的《伤仲永》，每个人都很熟悉，说的是一个叫方仲永的神童，才华天生出众，5岁时便可以指物作诗，但是因为父亲把他当成赚钱工具，到处向人炫耀，而且后天自己不学，最终成为一个普通人。

试想一下，如果方父不领着孩子到处炫耀，而是静下心来，让孩子潜心学习，以方仲永的资质，能"泯然众人"吗？为此，我们能够得知，方仲永的通晓、领悟能力是天赋，他的天资比一般有才能的人高得多，但他最终却成为一个平凡的人，是因为后天没有受到良好的教育。

由此可见，人的知识、才能决不可单纯依靠天资，后天的教育和学习也是必不可少的。天资卓越的方仲永最后变成了一个悲剧，很大一部分的原因是方父愚昧无知、贪图蝇头小利，忽视了孩子的后天教育，只知道领着儿子到处炫耀。

每一个孩子都是一个独立的个体，他们有着自己的思想和意志。父母们应该尊重自己孩子的意愿，不能把孩子当成自己的附属品到处炫耀，也不能强迫他们做自己不想做的事情。

父母喜欢炫耀还有另一个直接害处。在尚未形成成熟的意识之前，由于孩子的模仿能力很强，所以很容易模仿父母的行为。作为孩子的第一任老师，父母喜欢炫耀，孩子也就有样学样地学会了炫耀，炫耀自己，炫耀穿的衣服，炫耀父母买的新玩具，更有甚者，炫耀过年收到多少压岁钱、家里住多大的房子等等。凡此种种，完全不利于孩子的身体发育和健康成长。

曾经有教育专家指出，经常被父母炫耀"聪明"的孩子，平常做事时总是会局限在自己力所能及的范围内，不喜欢去挑战新事物，对当下的现状容易产生满足感，不积极进取，因而得不到良好的发展。

把孩子当成炫耀品，虽然满足了父母的虚荣心，但也埋下了不少隐患。很多孩子反感父母这么做，而后从心里觉得厌烦，导致他们对父母的劝告和道理都难以再听从。即便，有的孩子喜欢被炫耀，喜欢得到别人的赞美，但这会让孩子产生不恰当的优越感和不良的攀比心理，让孩子养成好胜心切、自私自利、难以经受困难和挫折的考验的坏习惯。

每个孩子都是优秀的，父母对于孩子的优点、长处、成绩等，需要肯定，但不能奉承；需要表扬，但不能炫耀。

给差评，又如何？

每个人从最初降临到这个世界上开始，就一直生活在他人的评价中，孩子也不能例外。评价自然有好有差。有的父母一听到他人对自己孩子的好评就眉开眼笑，甘之如饴，而一听到对孩子的差评就心里难受，而后变得生气，接着对自己的孩子横挑鼻子竖挑眼，气恼孩子没为自己争光。太过在意别人对孩子的差评,会对孩子造成心灵上的伤害,比皮肉之苦更严重,因为孩子幼小的心灵上的创伤,更难愈合。

我的老公经常谈起他的小时候。他小时候特别顽皮捣蛋,老师、同学的家长,甚至邻居都给他差评。邻居总是跟婆婆唠叨:"你家的孩子可真吵。"老师也跟婆婆打小报告:"你儿子在学校不遵守纪律,带头起哄,不尊重老师。"还有不少同学的家长严肃地对婆婆说:"管好你家的孩子,他带坏了我孩子。"

不过,好在婆婆够理智,也够魄力,面对所有差评,她丝毫不介意,调皮其实是每个孩子的特质,跟"差生""坏学生"完全挂不上钩。

现在,我那个当年收到一堆差评的老公,事业稳固发展,感情顺遂,生活幸福。他常对我说:"我真的有一个好母亲,当所有人都认为我不好时,她从来也不介意,更不曾放弃过我。"

我其实后来问过婆婆,她为什么能够顶得住外界的压力,她说其实很简单,就是相信自己的孩子,无论他小时候表现得如何,都不代表他的未来;无论他小时候接受到多少差评,只要好好培养,依旧会是一个对社会有用的人。

姑姑的女儿叫小美,小时候因为在医院打错了针,导致听力轻度障碍,虽不影响正常生活,但有时候会听不见别人叫她。姑姑的邻居是个老奶奶,每次都站在小区门口跟人聊天,有几次小美回家,她都热情地叫小美的名字,但小美没有听见,老奶奶就跑去跟姑姑抱怨:"你的女儿不大懂礼貌啊,我叫她好几次,她都不理我。"姑姑急忙解释说:"不好意思啊,小美的听力不大好,应该是没听到,不是故意的。"老奶奶"啊"了一声,可惜地说:"真可怜,这种听力不好的人,将来在社会上很难混得开。"

老奶奶不是第一个在姑姑面前抱怨的人，小美因为听力不好，所以来自各个方面的差评自然少不了。姑姑一开始就开导自己，慢慢来慢慢来，但时间一长，她也觉得内心郁闷，忍不住在小美面前抱怨："我怎么这么倒霉，摊上你这么个听力有障碍的孩子。"

小美听了，心里很不是滋味，别人的评价她可以说服自己不在意，可是来自妈妈的差评令她感到很痛苦，她开始觉得自卑，即使后来姑姑调整了自己的情绪和对待小美方式，但今天看到小美，仍能感觉到小美的自卑，畏畏缩缩的，原本我以为她会有更好的发展，但自卑成了她前行路上最大的枷锁。

我曾经见过一位特别自信的小男孩，他骄傲地对身边的同伴说："我妈妈常常说：'别人说你是什么，你不一定就是什么。'"在那位孩子的坚定、自信的眼神中，我看到了他的母亲给他上的"自我肯定"的第一课，以及给予他的一种无法撼动的自信。

阿姨的女儿露露今年上初一，突然要求要转学，说什么都要转学，原先的学校不肯去了，成天躲在家里。

露露长得好看，人又聪明，从幼儿园开始在学校里就很受宠爱。露露的爸爸是小学的校长，潜移默化地，从小学到初中，她的学习成绩都名列年级前茅。老师们表扬她，同学们喜欢她、羡慕她，爸爸妈妈以她为荣，这让露露的自我感觉非常良好。

这一次，情况似乎很严重。受阿姨所托，我跑去跟露露谈了谈。原来是因为她最近遇到了一些挫折，都是很小的事情：第一，入学分班考试的成绩没有达到自己的理想水平；第二，在入学典礼上不小心发出了一些声音，被年级主任点名批评了。这让自尊心很强的她忍不了了，她立即收拾书包回家，说什么也不肯再回学校上课。

　　长期的优越生活,让露露一旦受到挫折,就无法完全适应新生活。尽管我不断地开导她,可是她却铁了心似的坚持:要么转学,要么退学。阿姨很是无奈,只好同意让她转学了。可是转学并不是最根本的解决方法,万一在新的学校里,露露再受到批评会怎么样呢?以后走上工作岗位,走上社会又会怎样呢?

　　没有哪位父母能够保证自己的孩子在生活中不遇到挫折、失望,不被人误解或批评。培养孩子一份较强的承受力,才是积极的解决之道。父母要把自己内心的平稳与坚定传给子女,让他们也慢慢建立起内在的坚定和挫折耐受力。

自己不比,也别让孩子乱和人比

　　儿子有一天带了两个自己的同学回家玩,我无意间提到其中有一位同学比较聪明,在一边玩耍的另一位同学听到了,立马就不甘心似的,大声叫道:"我也很聪明啊!我会背唐诗!我会乐高!我爸爸有小轿车!我还会围棋呢!他不会,是不是?"

　　看着那位同学一件一件地把自己的家底抖了出来,一副势必要把对方比下去的样子,我真有点哭笑不得!这孩子怎么这样啊?处处都要比别人强,根本不允许别人比自己好一点啊!

任何一个人都会有攀比心,孩子自然也不例外。攀比心理,是指一种不满足于现状、不甘落后于他人甚至超越他人的心理意识。适当的攀比,能够促进孩子的进步,可是攀比一旦过了头,处处想着这个要比别人强、那个要比别人高,孩子的心理健康自然而然就会受到损害。

我想说的是,攀比不是要被禁止的事,一定程度的比较心理,可以帮助我们的孩子在未来更具有竞争力,但关键是要看怎么比。

明天是开学的日子,但楼上楼下两户邻居都在闹。楼上邻居的儿子想要买一个价值156元的新书包,但邻居觉得太贵了,没有答应,孩子在家连哭带闹的,甚至还说"如果你们不给我买新书包,我就不去上学了"。

而楼下邻居的小男孩呢,今年刚要上小学二年级,家里的书包、文具已经堆了很多,足够开一个文具店了。可是今天他又在闹着要买新文具了,而且又是要花几百元钱。这次他知道楼上的伙伴要买一个价值156元的书包,闹着也要买一个价值200元的新书包,要把同学比下去。

面对这些不健康的攀比心理和攀比行为,父母该如何对孩子进行引导呢?

暑假的时候,儿子要去奶奶家玩,不过他在走之前问我能不能给奶奶家换一台电脑。我问为什么,原来奶奶家的电脑是亲戚淘汰的旧货,很不好用,不比家里的电脑,也不比同学家的电脑。我不答应,因为那台电脑还能用,而且最近经济情况不允许,儿子就挺不开心的,不肯出门,还说不想去奶奶家了。我想了想,语重心长地跟儿子说:"你们班里每一个同学都有电脑吗？"儿子脱口而出："当然不是啦！有的同学连电脑游戏是怎么回事也不懂。"

我趁机说："真是的,那你和这些同学比比,奶奶家的电脑不是还不错吗？孩子啊,有时候用自己已有的物品或特长,向下一比,就会比出优势！"

如果仅仅是在物质层面上去比,那么父母只能培养出片面追求物质的小孩。孩子在上了学以后,如果每天注意的都是哪个同学又买了什么品牌的衣服,哪个小伙伴经常去吃什么海鲜大餐之类,那么不正确的攀比意识就会在孩子的脑海中生根发芽。

当孩子提出要求,如果父母不能立即满足或者自己的能力达不到,就会引起孩子的负面情绪,甚至是问题行为,比如偷窃等。相反,如果父母能够积极引导孩子,往更为健康向上、有助于孩子成长的方向去,那对孩子而言是有益的。

更为健康向上、有助于孩子成长的方向,举例来说,可以比跑步谁能坚持得更久,比写字谁写得更工整,比做家务活谁做得更漂亮,比学习看谁能解答某一个难题,等等。

在这个世界里,不是每个孩子都有一个富爸爸,很多孩子只有着极其普通的家境和经济能力,所以即使心疼孩子,也一定要讲究方法。如此这般,当孩子走入社会后,在将要面临的各种物欲化的诱惑面前,才能够有自信、有尊严地生活着,并且勇于坚持去追求自己的人生目标。因此,为了给孩子做出良好的榜样,需要父母本身先活出健康的状态才行,懂得安享当下,不卑不亢,孩子才能健康成长。

儿子有一段时间特别迷四驱车,动画片看了又看,放学后还经常和同学进行四驱车比赛。比了几次之后,他回来跟老公抱怨自己的四驱车赢不了人家,因为他自己的四驱车是有一天在小摊位上低价买的,而同学的四驱车却是在大商场里买的,有些还是国外的,特别高级。

紧接着,儿子向老公提出要买新的四驱车时,老公想了想,说:"你这么热衷四驱车啊,我也想知道这四驱车内部是什么样儿,我们看看自己能不能进行改进啊?"于是,父子俩小心翼翼地将四驱车拆开……为了能够自己改进自己的车,儿子从此不再说要买车了,而是每天沉浸在查阅资料里,一心想自己组装车……

父母就像是土壤,孩子就像是植株。好的土壤,才能滋养出好的孩子。

老公的做法,实际上是出乎我的意料的,但我很佩服他的做法。在孩子萌发了攀比意识时,老公显然是看到了儿子在渴望攀比中的一个闪光点:他对车的兴趣。于是,他就用"我也想知道"激起了孩子的好奇心,使儿子的攀比心慢慢地被对科技的兴趣替代,激发了儿子学习和探究的动力。

细心的父母,对于有攀比心理的孩子,只要找到切入点,就不难解决攀比问题。从切入点入手,用类似的方法改变孩子的攀比行为,就能把孩子的攀比行为变成一种良好的行为习惯。当然,这个改变的过程是一个由低到高、由点滴到整体的过程,如果父母求成心切,一下子要求太高,跨度太大,完全超越了孩子本身的发展能力,会让孩子的兴趣减弱,甚至失去信心。

不要用"物质"刺激孩子学习

楼上的邻居最近洋洋得意地跟我说，为了让上小学四年级的儿子好好学习，她给儿子制定了一项奖励制度：平时儿子小考若是能考到90分以上，就奖励10元钱；若是大考能进前10名，就奖励50元钱；若是能考到前5名，就奖励100元钱。

奖励制度刚开始实施，对儿子产生了很强的吸引力。他每天放学回家就自觉钻进房间认真写作业、温习功课，几次考试下来成绩也都不错。她也信守承诺，给了儿子对应的奖励。

可过了几天，邻居的脸色没之前那么灿烂了，原来是她发现儿子学习的热情远不及刚开始时那么高涨了，学习也变得敷衍了，甚至还出现了厌学的情绪。她只好加大了奖励的"筹码"，但仍然未见什么成效，她一下子犯了愁……

其实，许多父母都会有邻居这位母亲这样的经历，对于孩子的学习和习惯养成，动辄就给金钱等物质奖励，开始的确很奏效，但慢慢地，就会出现不尽如人意的结果。于是，很多父母就会陷入苦恼之中。

如果去动物园或海洋馆参观，很多人都会选择去看动物表演。比较常见的有海豚表演，我们经常看到当海豚按照驯养员的要求做好一个动作之后，驯养员都会从随身的小桶里摸出食物给它,以示奖励。于是,有一些父母就开始效仿这种方法,将其运用到激励孩子的学习和习惯养成上。只要孩子学得好,父母就会给他们一些物质甚至金钱的奖励, 并且经常对他许下这样的"诺言":

"如果你能考高分,我就给你买……"

"如果你表现得好,妈妈就奖励你……"

……

美国心理学家爱德华·德西研究发现:"一个人进行一项愉快活动的时候,如果对他提供外部的物质奖励,反而有可能减少他对这项活动的兴趣。"

德西曾经做过一个实验。他让一些学生解答妙趣横生的智力题。最开始,所有的学生都答对题了,但没有一个人获得奖励。第二次,他把这些学生分成了两组,一组学生每答对一道题就奖励1美元,另一组答对则不进行奖励。

几次过后,德西发现,有奖励组的学生只会在拿奖励的时候卖力地解答,而无奖励组的学生却热衷于去寻找答案。也就是说,有奖励组的学生对解答这些智力题的兴趣在减少,而无奖励刺激的学生却依然兴趣浓厚。对此,德西认为:"奖励刺激容易引发人的外部动机,其特点是持续时间比较短;而与之相反的内部动机则是对所从事事情本身的兴趣,它的持续时间会很长。"

由此可见,物质奖励对于人的兴趣发展来说,并没有起到什么实际上的好处,反而会逐渐磨灭掉人的兴趣。在心理学家德西的实验当中,我们能够得到一些启示:用金钱或物质奖励去刺激孩子学习,是不可能一直激发起孩子的学习兴趣的,相反,还有可能会使孩子过分追求物质利益,把学习当成交换金钱、物质的筹码,从而失去学习的真正意义。

尤其是当孩子本身对学习有一定兴趣时,如果父母进行一些金钱等物质奖励,还有可能会弄巧成拙,使孩子盲目追逐金钱,学习主动性降低,并逐渐失去学习的热情。

那么,不用物质或金钱奖励,父母又觉得不能够保持孩子的积极性,所以他们会疑惑用什么样的奖励来激励孩子爱上学习呢?

首先,如果孩子不爱学习,父母要做的是先搞清楚孩子为什么不爱学习。

有的父母一看到孩子学习成绩不好了,只会一味地说:"你必须努力,你只要能考出好成绩,我就奖励你。"随后就罗列出要么是红包要么是丰厚物质的"奖品"名单。但父母需要注意的是,没有奖品是孩子不爱学习的理由吗?孩子究竟为什么不爱学习呢?他是真的只单纯地需要有人刺激他一下,才会努力,还是说他其实是在学习上有问题需要解决但无法得到解决?如果父母不问原因,只知道给孩子金钱、物质奖励,这种看似有效的激励做法,其实并没有对症下药,当然也不会产生好的效果。

因此,如果看到孩子学习成绩不好或学习成绩开始下降了,父母这时候不要直接用奖励,尤其是金钱、物质奖励去刺激他,而是要搞清楚孩子的学习究竟出了怎样的问题,是学习上偷懒了,是没有听懂教师的讲解,还是他对知识的理解有偏差?

在明了这些问题之后,父母可以针对这些问题一一寻找解决方法,帮助孩子解决问题,一旦"茅塞顿开",即使父母没有奖励,孩子也能自觉地努力学习。

其次,父母需要培养孩子良好的学习习惯。

教育家叶圣陶先生说："好习惯养成了，一辈子受用；坏习惯养成了，一辈子吃亏。"孩子的学习也是一样的，拥有良好学习习惯的孩子，根本不需要父母挖空心思地非要用什么奖励去刺激他学习，就会自觉地投入知识的海洋，并且还会学有所成。

有一年高考，一名叫黎璇的女生夺得广西理科状元。有很多人跑去问黎璇的母亲，她是如何培养出一个这么优秀的女儿的。黎璇的母亲淡淡地说："我没有做什么，这一切都要归功于女儿从小养成的效率高、时间观念强的学习态度。"

在黎璇很小的时候，她的母亲就开始注重培养她独立看书、学习的习惯，并且在女儿做一件事的时候，反复告诉她：做任何事情，都要认真做完一件事情之后，才能去做其他事情。长此以往，黎璇就养成了自觉、独立的学习习惯，她非常重视课堂效率，所有的难题几乎都能在学校解决，不会拖拖拉拉地等回到家，或者遗留在第二天再解决。学习效率高和时间观念强，正是她最终取得成功的关键。

通过黎璇的例子，我们或许可以得到一些启示，与其在后来不停地用奖励来交换孩子的好好学习，倒不如最开始就培养他认真学习、自觉独立的好习惯。

再者，父母更要注重给予孩子精神奖励。

父母可以适当地给孩子一些精神奖励。比如父母的真心夸奖会使孩子产生荣誉感，从而更加努力学习。父母的微笑、拥抱、亲吻，或是对他的成就竖起大拇指……都是在肯定孩子的每一次进步，或者，也可以带孩子去看一场有意义的电影，给他做一顿他爱吃的饭菜，再不然，让孩子参加一次游学、旅游放松身心……这些精神奖励，都远比物质上的鼓励来得重要。

有些培训费，真的不值得花

我经常听到如下的对话。

钢琴班上，一位父亲对孩子说："在这个竞争激烈的社会中，你只有不停地学习各种知识，永远比别人多一项技能，你的竞争力才会比别人强，你才能脱颖而出。"

书法班上，一位母亲满脸疲惫地对着女儿说："你要知道，不是妈妈逼你，你现在多吃一些苦，多学点技术，将来找个好工作，才能过得比较轻松，才能少吃一些苦啊。"

舞蹈班上，一位迷惘的母亲问老师："老师，我家孩子也就是练练气质，非要参加考级吗？我怕她吃不了苦，但是也不能不学……"

……

著名的钢琴演奏家托萨曾告诫人们："如果有一对满怀功利心的父母站在身后，即使孩子是天赋神童，也难成大师。因为父母把音乐艺术作为追求成功的手段，功利心会污染孩子纯洁的心灵，中断孩子对艺术的追求。"

很多父母会让自己的孩子从小就学习艺术，乐器、书法、钢琴、舞蹈等等一样不落，美其名曰让孩子感受文化的熏陶，培养艺术的特长，修身养性，以及培养孩子做事的恒心与毅力，可是随着社会的发展，我们却发现那些原本文雅的艺术教育却成了一种功利化的普遍现象。

父母让孩子们去参加带有商业性质的艺术培训，是因为可以对孩子未来的升学有所帮助，还是能让自己的虚荣心得到满足，成为炫耀的资本呢？

原本充满乐趣的事情一旦与功利相连，就会失去事物原有的味道，变为避之不及的苦差事。从"好学"到"厌学"，其中的原因又何尝不是因为学习变成一件具有功利性的事呢？因此，对待孩子学习的问题，父母必须要扔掉一些功利心，不要让比赛名次、荣誉、超过别人以及前途等功利性因素影响孩子学习的兴趣。

学习本来就是一件有趣的事。任何人的一生都离不开学习，我们在生活、工作中学会的各种能力和技能其实都是通过各种各样的学习——书本上的学习、实际操作中的学习得来的。

20世纪最伟大的科学家——阿尔伯特·爱因斯坦小时候特别喜欢拉小提琴，他最大的梦想就是能成为帕格尼尼那样伟大的小提琴演奏家，所以只要一有空闲，他就练琴，练得忘乎自我，如痴如醉，但很可惜的是，爱因斯坦并没有展现出多少音乐上的天赋，在拉小提琴上没有显著的进步。

爱因斯坦的父母不希望爱因斯塔的爱好因为受到一些打击而中断，所以就带他去请教一位经验丰富的琴师，希望他能够指点指点爱因斯坦，让他有所进步。

琴师先让爱因斯坦随便拉一首曲子，爱因斯坦拉了帕格尼尼24首练习曲中的第三首，拉得是破绽百出。好不容易拉完了，琴师抬头问："你为什么特别喜欢拉小提琴？"爱因斯坦说：

"因为我喜帕格尼尼，我希望自己能够成为他那样伟大的小提琴演奏家。"

琴师点点头，又问："拉小提琴的时候，你快乐吗？"爱因斯坦回答："我非常快乐。"琴师说："孩子，你能享受到拉小提琴的快乐，这就足够了，又何必非要成为小提琴演奏家不可呢？"

爱因斯坦听了琴师的话，心头那团狂热之火慢慢冷静了下来。就如我们后来所知，爱因斯坦最终没有成为小提琴演奏家，而是成了一位科学家。尽管爱因斯坦没有成为专业的小提琴演奏家，但他一生当中从未间断过小提琴的演奏。小提琴可以说是爱因斯坦一生当中最好的伴侣之一，而且他的演奏能力也有了进步，得到了朋友们的一致认可。

在我看来，爱因斯坦是非常幸运的，因为他的父母并没有因为他不擅长拉小提琴而否定他，也并没有因为这个行业是否有前途而否定他，不让他练习，而是因为他喜欢，他热爱而给予他最大的支持。

大人在工作当中，常说做事要有计划，有的放矢才能取得良好效果，实现目标。这种想法，也运用在培养孩子上。很多父母在孩子很小的时候就开始考虑孩子将来做什么职业，成为什么样的人，并积极地定下培养目标，有意识地依据自己制定的目标培养孩子。

实际上，很多父母希望自己的孩子具有各种各样的能力，多半是为了提高孩子在社会当中的竞争力。直白地说，这种教育明显带上了功利性质。

如果孩子体验不到获取知识本身的快乐，对知识本身产生不了兴趣，自然会将它看成是一件苦差事。在享受学习乐趣的同时,享受学习的成果,才能激发孩子不断学习的动力。

我们的好多做法,是真的为了孩子好,还是为了自我满足?我们是不是被早教培训市场利用了?为什么要按照别人的项目来规划自己的孩子?有些钱,不花就不花了,心不要不安。我们应该做的是激发孩子的兴趣,燃起孩子渴求知识的欲望,让他们体验到获取知识本身的快乐,享受到学习的乐趣,并最终实现自觉地学习。

第四章

有什么难沟通的
——这世界正在惩罚不好好说话的父母

把"说你是为你好"从父母的语言里删除吧，它不是一面金牌——有了这样的前提，许多父母在开口训导孩子前，已经先入为主、成竹在胸了，孩子能够接受最好，不能接受也得接受。

粗暴,是父母无能的表现

澎浩的妈妈在小区里遇到我,连忙向我诉苦,原来,这天晚上,澎浩和爸爸二人在家里看电视,澎浩并没有把心思放在电视上,而是玩弄爸爸平时特别钟爱的一只小碟子。澎浩的爸爸一开始就对澎浩的行为提出了劝阻,但是又被电视吸引了注意力,也就没再多说什么了。

突然,澎浩没有拿稳碟子,小碟子滑落了下来,在地板上摔成了碎片,儿子一下子愣住了,不知道怎么办才好,眼神看向爸爸。

澎浩的爸爸这个时候也愣了一下,但随即本能地就踹了孩子一脚,孩子惊慌地一躲,一溜烟地跑开了。望着澎浩的背影,澎浩的爸爸大声说道:"你滚吧,想去哪里就去哪里!"听到这句话,澎浩的眼泪立即下来了,随后就走出了家门。

"出去了就别回来!"澎浩的爸爸还在背后怒喝。

澎浩的妈妈放心不下,只能出来找儿子了。

我边帮着她找澎浩,边想,孩子当然不想离家出走,可在爸爸的怒喝下,难道就这样屈辱地留在家里?那还有什么自尊可言?

因为父母教育失败导致孩子离家出走的事件屡有发生。很多情况下，其实孩子是被父母的话逼出家门的。冲突爆发时，父母与子女双方唇枪舌剑，互不相让。有些父母利用孩子依赖性强的特点，动辄就用抛开不管一类话来恐吓孩子，发泄自己对孩子的不满。不少任性要强的孩子，因为忍受不了父母的嘲弄逼迫而离家出走。

我对澎浩的妈妈说了一件真实的事情。

我的幼儿园里有个小朋友叫肖强，是一个好胜心很强的孩子。有一天，他为了一个玩具和小朋友争执起来，两人争着争着，小朋友突然骂了他一句："你这个乡下人，滚回你的老家去吧！"因为肖强原本住在农村，听到同学骂自己乡下人，肖强的火气一下子冒了起来，冲上去一拳，把那个小朋友打倒在地，然后又骑在他身上猛打。

为此，肖强挨了老师的严厉批评，并把打架的情况通知了家长。

肖强的爸爸来了，怀着一肚子气，一来就给了儿子一个耳光，再拎着肖强的耳朵，恶狠狠地说："以后再在外面与人打架，看老子不打断你的腿！"

我很惊讶，不知道说什么好。

有些父母以为这种以暴制暴的恐吓话，能有效地制止孩子在外面闯祸，以为这是最直接和最有效的手段，其实这是替孩子树立了一个坏榜样。连父母都乐于采用这种方式，难怪孩子要模仿成人用拳头解决问题了。

听到自己的孩子动手打人，父母必定会非常紧张，非常气愤，认为这种暴力行为是必须要立即制止的。但制止归制止，不能不问情由就破口大骂，而应该站在孩子的角度，搞明白孩子这么做的原因,从而用平和的态度说:"我知道你很生气。"这句话表明自己明白和理解孩子的感受,而后坚决地说:"但是,就算生气也绝对不可以动手打人。"这句话是表明父母反对这种野蛮的行为,之后再给孩子冷静的空间进行思考,平复激动的情绪。

任何一个错误其实都可能另有内情,父母在平息孩子的怒气之后,要及时了解事情的真相,用"刚才发生了什么事?""为什么要动手打人?"等引导孩子说出矛盾的原因,再想出处理的方法。

古人云:身教胜于言教。明智的父母,会让孩子得到知识的熏陶;温和的父母,会让孩子得到心灵的抚慰;而粗暴只能说明父母的无能。种瓜得瓜,种豆得豆,想收获什么,就播种什么吧。

一味讽刺孩子,最后父母也会失去信心

楼下住着一户人家,大儿子叫李杰,他有一个弟弟一个妹妹。我有几次去送饺子,都看到李杰在做作业,好像作业总是做不完似的。经过了解,李杰是一个事事追求完美的孩子,每一门功课的作业都希望做得最好,所以在做作业上的时间越花越多,每天晚上都睡得很迟。

睡眠的不足,让李杰上课时无法集中精神,从此陷入恶性循环,学习成绩每况愈下。相比之下,李杰的弟弟和妹妹就显得聪明伶俐,而李杰就好像是一个笨孩子。

每次我和几个邻居去串门,李杰的妈妈总是在我们面前嘲笑李杰:"你看看你自己的蠢样子,真是一头笨驴。"这话传得远了,从此,"笨驴"便成为父母、邻居和同学嘲笑的对象,李杰心目中也觉得自己很笨,没有用处,原本不大理想的成绩更见低落,直到15岁才勉强完成小学课程。

李杰从此失去了信心,觉得自己无法升读中学,总是认为自己比别人笨,书读不下去,只有出去工作了。但是,没有信心的李杰不管是哪一份工作,都做得不好,总是被老板开除。

过了几年,我发现李杰一家搬走了,我再也没有听到过有关于他的消息。

在李杰的事例当中,我们不难发现如果父母如经常嘲笑和讽刺孩子,对于孩子的负面影响是何其深远!

每个孩子都有他的优点,也有其弱点,当弱点显现,导致他在某件事上遭受失败时,有些父母就会对孩子采取嘲笑和轻蔑的态度去数落他、贬抑他。父母的用意可能是想刺激孩子的奋发心,使他再次振作起来,可是这样做不但无法刺激孩子改过的念头,而且会导致不良的结果。

项娇的妈妈来找我诉苦,说自己的女儿项娇胆子总是很小,也不知道什么时候能变得勇敢。

我见过项娇,她长得个子娇小,在同学们当中就是个小妹妹,大家看到她的模样就忍不住想照顾她。在生活中,同学们都想方设法地帮助她,迁就她。

有一天,项娇和伙伴们去郊外露营。项娇征求妈妈的意见,妈妈同意了。临走前,不忘嘱咐她:"娇娇,你要和同学们相互照应,自己的事情自己完成,不要总让大家帮忙,这是你锻炼自己的最好时候。"项娇笑眯眯地回答道:"妈妈,我知道了,我不会成为大伙的累赘的。你就放心吧。"

来到郊外露营,项娇最先就跟大家宣布:"你们不要帮助我,我自己能把事情干好。"可是话虽这样说,项娇还是没少让大家操心。行李大部分是由男生拿着;过草地时,项娇担心有蛇,总是要一个人紧紧地拽着她的手;项娇最害怕的是夜晚,她觉得郊外的夜晚很恐怖,一个晚上没有合眼,惊恐地睁着眼睛到天明。

经过一天的野外露营,项娇终于回到了家,看着她发黑的眼圈,项娇的妈妈担心地询问道:"怎么就这么一天,眼睛就凹了下去,没睡好觉吗?"

项娇抱怨着:"郊外的夜晚好可怕,都是猫头鹰的叫声,我根本不敢睡觉,所以……"

妈妈继续问道:"那其他同学也是这样吗?"

项娇摇摇头:"不是呀,大家睡得可香了。"

妈妈无奈地笑了笑,说道:"看吧,就你一个人是这样。你真是个胆小鬼!什么事情都害怕,唉!"

妈妈的话语让项娇感到很委屈,她担心地想,是不是在同学们的心目中,她也是一个胆小鬼的形象了。

就是因为妈妈无心的一句挖苦讽刺,项娇准备了很久的勇气崩溃了,而项娇妈妈之前的教育也白费了。项娇对我说:"罗老师,我也不想做胆小鬼,可是人人都这样说我,我有什么办法呢?"

西方教育专家不赞成责备孩子，更不主张把责备作为一种教育孩子的手段或方法。而在中国，许多父母对孩子总是责备多于赏识与鼓励。一味地责备，不用说孩子，就连大人也会失去信心的。这样下去，只能培养出因设法保护自己而产生反抗心理的孩子。

讽刺，会伤害孩子的自尊；讥嘲，会打击孩子的信心。孩子连连挫败，他自己已感到非常失望，希望得到安慰，此时，父母不但不加以鼓励，反而一再数落他、讥笑他、贬抑他、小看他，最后只会使孩子更加失去信心、继续失败，一直到完全陷入绝望的境地中。

一些经常遭受到父母嘲讽的孩子，长大后会变得畏首畏尾、胆怯、没有自信。而极端情况是当孩子遇到挫败时，又受到父母的嘲讽，从而产生对父母的怨恨，并且一直耿耿于怀。由于害怕，故只能将对父母的轻视怀恨隐藏在心底，等到他长大后，往往会找机会加以报复的。

禁止给孩子贴上"笨"的标签

幼儿园大班新学期的入学典礼上，一位母亲带着自己的女儿来到我的面前，轻声对我说："老师，这孩子总是不认真学习，又贪玩，笨得要死。你能不能对她多多关照……"说着，母亲把身后的女儿推到我面前。

我低下身子，轻声问："告诉老师，为什么你不用心学习呢？"

小女孩愣了一会儿才说："我笨呗。"

我有点惊讶地问："你怎么会觉得自己笨呢？"小女孩非常小声说："妈妈总说我笨，还总当着别人的面说。"我一下子就明白了其中的原因。

过了一会儿，那位母亲忍不住问我："我的孩子到底有多笨啊？"

我把那位母亲拉到一边，语重心长地说："您女儿的智商没有问题，跟其他同学都一样。可是，如果您总给她戴'笨'的帽子，她自然就觉得自己笨了。"

这位母亲听后，惊讶地张大了嘴巴，久久没有说话……

其实，我在当幼儿园老师的过程当中，常常会遇到上面提到的那种母亲和孩子。有多少孩子，被父母"赠送"的带有"笨""低能"的帽子压得喘不过气来，可是很多孩子原本的智商并不低，可能只是贪玩，或者一时学习不认真，又或者有其他的原因导致学习成绩一时不好，父母却不顾真相直接说他笨，这样，父母也许会亲手毁掉人才。

父母期望孩子能有出息、能出人头地，这都是人之常情，完全可以理解。但是，孩子的个性不同，成长发展也不尽相同，并不是所有的孩子都是神童，父母不能用又高又统一的标准来要求孩子。若是父母只因为孩子接受能力差一些，或者理解速度比别人慢一些，就直接一口断定孩子笨的话，那随着时间的推移，他可能就真变笨了。

再来看一个相反的例子。

朋友家有一个小孩，上小学的时候数学成绩差得出奇。有一次数学考试得了49分，朋友原本想责骂孩子，被丈夫拦了下来。朋友的丈夫拿着试卷对孩子说："儿子，你比上一次考试进步了11分啊！这是一个了不起的飞跃，可见你还是很聪明的。只要你努力，一定没问题！"结果，孩子就在这种鼓励下渐渐地对数学产生了兴趣，成绩也越来越好。朋友一个劲儿地跟我夸他老公处理得好。

这个道理在很多科学案例中得到证实。

美国心理学家罗森塔尔和福德曾经来到了一所小学，在一至六年级每个年级当中，选出了3个班，进行了一次"发展测验"。

首先，他们将一份名单交给了教师，并用赞美的口吻说："这些学生以后有可能有良好的发展。"并且，这份名单是公开的，也就是说学生自己是知道的。

8个月后，两位心理学家再一次来到这所学校进行跟踪测试。结果，名单上的学生的学习成绩都有了显著的进步，而且他们的性格也都非常开朗,都有着很强的求知欲望,也敢于在同学面前发表自己的不同见解,和老师、同学的关系也相处得非常融洽。

实际上,心理学家提供给老师的名单只是随机抽取的,但面对这份名单,不仅是老师对这些学生有了积极的期待,就连这些学生本身,也对自己有了积极的期待,他们受到了老师的影响,也变得更加自信,不知不觉地更加努力学习,结果就有了飞速的进步。

这个实验就是心理学上著名的"罗森塔尔效应",也叫"皮格马利翁效应"。我们能够在这个效应中得到很多启示:对一个人传递积极的期望,就会使他进步得更快,发展得更好;反之,向一个人传递消极的期望,则会使人自暴自弃,放弃努力。

孩子对自我的认知与判断,一部分来自于父母的态度,而这一部分在孩子的心目中还占有很大的分量。曾经看过一副对联:"说你行,你就行,不行也行;说不行,就不行,行也不行。"这副对联就是在讲这个看似简单的道理。不轻易给孩子贴"笨"标签,多给孩子希望,多鼓励鼓励孩子,就能让孩子积极发挥自己的才能,甚至还有可能会激发出他的潜能。

时刻鼓励，好孩子是"夸"出来的

对孩子的行为进行适度的赞美和赞赏，能够让孩子保持一种好的心境和状态。孩子对自己的看法，在尚未成熟时，是完全取决于周围人的评价，特别是父母与长辈的评价。哪怕是一句话，或者是一个眼神，都会对孩子产生影响。

有一段时间，我突然发现儿子特别喜欢去奶奶家，而不喜欢去外婆家。每次说要去奶奶家，他都会以最快的速度收拾好一切，在车子上等我和老公；但每次说要去外婆家，他就拖拖拉拉的，恨不得躲在房间里不出来，或者成为一个隐形人。

我觉得好奇，就问他是为什么。他直言不讳地说，因为奶奶家和外婆家完全是两个不同的环境。

每次在奶奶家，儿子都会得到奶奶的表扬，奶奶总是说："这么好的小孩子真是少见，小小年纪就已经很懂礼貌了，每次吃东西的时候，都知道分给爷爷奶奶。真乖。"

可是到了外婆家，根本得不到表扬，处处都是唠叨和抱怨，外婆总是说："哪有你这样淘气的小男孩啊，偶尔捣蛋还可以理解，可你也太不修边幅了吧，哎呀，小男孩真是麻烦。"

儿子截然不同的表现，其实跟奶奶与外婆的表现有直接关系。

奶奶总是夸儿子,于是,听到表扬的儿子就会按照表扬的那些内容努力做事,所以儿子的表现就越夸越好,因此在奶奶家,儿子就是一个好孩子;而到了外婆家,儿子却总是被训斥,听到训斥的儿子就会故意向着外婆训斥的内容上发展,所以儿子的表现越来越糟,因此在外婆家,儿子就成了一个坏孩子。

很多教育学家也观察到了这一点,从而得出结论:孩子就是如此,你认为他(她)是什么样的人,他(她)就会成为什么样的人。你对孩子的评价是正面的,孩子就会朝正面去努力;你对孩子的评价是负面的,那么孩子就会朝负面去发展。因此,赏识教育的理念势必要在家庭教育中得到实施。

作为父母,应该多多赞赏自己的孩子,多向孩子竖起大拇指,多向孩子的头脑中灌输他们是好孩子,他们最棒的观念,这样他们就会按照父母心目中的形象和标准来要求自己,按照你对他们的评价来规范自己的言行。所以,多对孩子说一些鼓励赞赏的话吧!"真乖!""干得真好!""做得漂亮!""你是最好的!"……都是能够脱口而出的夸赞,父母千万不要吝啬自己的夸赞。

有一天,幼儿园大班转来一个小女孩,叫李萍。刚到班里的时候,每次绘画课,她都会第一个举手说"老师,我不会",我也没有觉得不妥。可是,过了一个月,李萍的这句话几乎成了口头禅,每节课都要说,而且越来越频繁。

我开始有意无意地观察李萍,我发现其实李萍在画画方面的才能很不错,对于一个刚开始学习画画的小女孩来说,水平几乎可以说是中上等了,但即便如此,她还是每次都会举手说"老师,我不会"。我觉得很奇怪,想着通过跟李萍的妈妈沟通看看,能不能找到其中的原因。

　　我:李萍妈妈,您觉得李萍画画画得好吗?

　　李萍妈妈:不好。

　　我:那么,您觉得她哪一方面比较出色呢?

　　李萍妈妈:……画画虽然不好,但是比她其他的才艺要强。

　　我:那您有把这话告诉萍萍吗?

　　李萍妈妈:当然没有。告诉了她,我觉得她会骄傲的!

　　我:其实,我觉得适当鼓励鼓励孩子是非常必要的。李萍在绘画方面很有天赋,她现在年纪还小,在这个年龄段,她已经画得很不错了。

　　李萍妈妈:还行吧。反正数学也差,体育也不行,动手能力也弱,不知道像谁……

　　我:萍萍的画进步很大,我经常会在课上表扬她,但我觉得她好像更需要的是您的肯定。

　　李萍妈妈:好吧,我回去试试!

　　我:我觉得您可以偶尔表扬表扬她,如果您觉得她哪张画画得好,可以贴在家里的墙壁上。李萍妈妈,希望我们的配合能让李萍的进步更大,我相信会的。

　　李萍妈妈:好的。

　　果不其然,在这之后,李萍的情绪比以前好了很多,画画的进步也很大,下笔也慢慢熟练起来。我还是坚持表扬她,时常还会对她竖起大拇指。

　　过了几天,李萍妈妈跟我说,她回去把孩子的几张画,贴在了家里的显眼处,家里的亲戚都看到了,都说画得不错,李萍自己也很高兴。

在孩子的成长过程中,最重要的是培养他们的自信心,对待成长中的孩子,父母要学会发现他们的特长和成功之处,并给予充分的肯定。李萍并非个例,在现实生活中,相似的情况还有很多。很多父母经常会用成人的眼光去看待孩子的行为,认为没有几件事是值得赞赏的。其实,对于孩子来说,将一些"简单"的事情做好,已经很不容易了。

作为父母,在面对孩子时,一定不要吝啬我们的表扬,只有让孩子更有自信,他们的学习才会事半功倍!

话说三遍淡如水

我的闺蜜又和她老公吵架了,跑我这来哭诉,声泪俱下一气呵成:"你说我一天给他做好三顿饭,给他把裤子熨得笔直,皮鞋擦得锃亮,甚至我还帮他修改论文做表格给他同事端茶送水,像我这样出得厅堂入得厨房的人,他前世积德才娶到我,还敢对我凶!还嫌我烦!"

可是她不知道,在她跑到我这来的时候,她先生正拉着我先生在星巴克也大发牢骚:"我要求不多,只要求她不要在我开车时候乱喊乱叫,压线了!变道了!不要每天逼我吃五花八门的保健品以及清晨蹲厕所,尤其不要一句话对我说三次!"

我想起来,闺蜜的母亲,印象中也是个喜欢唠叨的人,小时候我去找她玩,"出门过马路当心,外面东西不要乱吃,带水没有,看天不好赶紧带伞……"这样的"叮嘱"一直维持到我们双双答应着出门,并且有时候走到楼下,窗户里还传来她妈的大声喊叫——

"过马路注意红绿灯啊!"

父母采用什么样的教育方式,孩子长大后,多少会"复制"和"模仿",而且这些"复制"连他们自己都意识不到,因为它们扎根在潜意识里。

就拿说话唠叨来说,大致而言,父母的思想、性格、观念差异和教养方式等,都会导致对孩子的唠叨。有些父母觉得"好话不用说第二次",有些父母却觉得,重复是一种"强化教育"。

"我这样说了,他还记不住,我只能继续说,反复说,说到他长点记性为止。"

"一次不听,就说两次,两次不听,就说三次,三次不听就说五次,直至十次八次,只要自己多说几次,他们总会听进去吧。"

结果是,孩子不自觉地就产生了依赖心理——反正有人提醒我,我为什么要记住?

还有一类父母,他们的唠叨并非针对孩子本身,说白了倒是有点像"日常聊天",工作上的压力,生活中的不愉快,人际关系的紧张,家庭的不和睦……统统借着唠叨的方式发泄出来。当然,小孩子听不懂大人那些事情,于是只能借题发挥。题从何来?只能是从孩子的学习、生活中"就地取材"了。

比如我曾经的一个学生,童年的时候父母离异,他妈妈就经常这样说他:"作业做了吗?语文作业是什么?数学作业是什么？……我也不懂你们的数学题目，要是你爸爸肯管你，我也不管你，现在他不管你，你自己要争气，上个月我们厂里的奖金又延迟发了，但是只要你好好学习，考进前15名，妈妈怎么样也让你读书，对了……你的近视度数怎么样了，做作业不要对着光，把窗帘拉上……抓紧时间，不要磨蹭！"

这孩子经常对我抱怨："老师，我早就听腻了，听得耳朵都长茧子了！"

——这是很多孩子面对唠叨的父母的"心声"，的确，再好的话，也搁不住正着说反着说颠过来说倒过去说。

父母们也许会感到委屈：我们再怎么唠叨，不都是为了孩子好吗？不正是爱他们的表现吗？他们为什么不能理解呢？

确实，普天下所有的母亲没有不爱孩子的，但是，父母用唠叨来表示爱，效果会怎样呢？你唠叨太多太久，孩子的耳朵真的起"茧"了。也许面对你的喋喋不休，你的孩子在心里或背着你大喊"烦死了！""烦透了！"只是你没听到罢了！

一项调查表明，"我最喜爱的父母是讲话精练、有重点、不唠叨"，这就是孩子们的心声。

家长对孩子进行全方位的培养和教育，关键是掌握好说话的方式与分寸。如果对孩子反复数落，喋喋不休地指责，使用的方式大多为机械地重复，时间长了，孩子除感到厌烦以外，更重要的是根本听不进去。

著名作家莫言在谈到他教育女儿的经验时说：

"我是一个不善于表达的人，虽然很疼爱女儿，但女儿小的时候，我和女儿的关系就像是两株彼此相邻、默默生长的植物，我只是顺应女儿的天性，让她快乐地成长。

"虽然对女儿青春期的成长，和天下所有的父亲一样，我也是密切关注的，但有所不同的是，我对女儿的疼爱和关心更多的是不事张扬、默默无言，甚至有的时候，这份父爱是深埋在平静的外表之下的，轻易不会表露出来给外人看到。

"如今，女儿有出息了。有人问我，为何能教育出这么一个既优秀又感恩的女儿，我能说的是：大爱无言，沉默也是一种教育。"

的确，说教，虽然是一种重要的教育手段，但是，因为这种教育影响是直接的、外在的，只采用这一手段，会使孩子觉得父母总是管制自己，唠叨起来没完，逐渐产生一种逆反心理，大大影响了教育效果。

有时候，就像山水画中的"留白"一样，适当保持沉默，反倒效果更好。

或者你可以暗示一下：

比如，辅导孩子做作业时，发现孩子坐姿不正，可以面对孩子做几个挺胸的动作，让孩子接受这种暗示——"调整坐姿！"

再如，晚上9点多了，孩子还坐在电视机前。你可以站起来把孩子床上的被子铺开。以无声的语言提醒孩子"该睡觉了"。

还有，如果孩子实在是做错了什么事情，你可以说他，但是，你可以先问他——"为什么要这样做？"而不是一堆唠叨，告诉他，这不对那不好，这错了那坏了……至少，你唠叨前，也该听听孩子的理由吧——他也是家的一员，凭什么只是你说他听？他也有起码的发言权！

磨破嘴唇,不如动笔交流

不知道大家有没有读过《曾国藩家书》,如果读过,你们就会知道原来曾国藩就是用一份份感人至深的书信教育兄弟子侄,才造就了曾门人才辈出的奇迹。

傅雷是我国著名的翻译家和教育家,他写给自己孩子的《傅雷家书》,经久不衰,至今仍在重新印刷。傅雷就是以书信的方式,用平实、语重心长的话,表达了自己对孩子成长成才的关心和指导。读来倍感亲切,仿佛就在与一位父辈彻夜长谈,以至于至今仍是许多人用以教育孩子的经典之作。

古时候,没有发达的通讯工具,加上距离遥远,大多数人都选择写信,但到了现代,通讯工具越来越发达,人们写信的机会也越来越少了。很多人认为书信只适用于在具有一定空间距离的交往中,所以,当父母和孩子同处一室时,谁也不觉得需要用写信这么"老土"的方式进行沟通。

其实在教育孩子方面,写信交流是一个非常好的办法。如果在与孩子进行口头交流时,父母发现并不能取得良好的效果,这时候如果希望自己的话语充分引起孩子关注,不妨换一种方式,用书信的方式进行沟通,即使你和孩子近在咫尺。

老公的姐姐有一个女儿,正在读高中。有一天她去接女儿放学,当时还没有下课,她在女儿的教室门口站了一会儿,发现女儿在课堂上的写字姿势很差,眼睛离桌面的距离特别近,最多只有10厘米,而且写作业的速度特别慢,据老师反应是在全班倒数5名。老公的姐姐回家后,很严肃地和女儿谈了半个小时,谈着谈着,声音最后不免变得又硬又狠,惹得女儿哭了起来。女儿跑进房间,怎么敲门都不应,连晚饭都不吃了,第二天连一句话都没有说。老公的姐姐着急了,我劝她可以尝试着给女儿写一封信。

后来,她就给女儿写了一封信,女儿收到这封信时,两眼放光,这是她第一次收到来自妈妈的信!据说她才看了第一句,就激动地说:"妈妈,你是把我当作平等的人了,对吧?"她慢慢看完了信,急忙紧紧抱住了妈妈。

只是一封简简单单的信,但老公姐姐的女儿就能从中读出平等、尊重。当她紧紧抱住妈妈时,横亘在母女之间的所有不快与芥蒂也都烟消云散了。这何尝不让做母亲的感到欣喜呢?

父母在写信的时候大多会平心静气,把自己的情绪处理得很好,思路清晰,属于一种"润物细无声"的教育方式。而且,父母与孩子进行书信交流,内容可涉及孩子学习生活的各个方面,篇幅也没有任何限制。

我很喜欢的一位母亲叫于秀娟,她的女儿之前也曾在我所在的幼儿园读过书。于秀娟很优秀,她善于运用书信的方式对女儿施以影响和教育。我问过她,她说她给女儿写的信的内容主要有三个部分:第一部分是关于读书,第二部分是关于花钱,第三部分则是关于成绩。

她给我举了一个例子,她的女儿在小学毕业前夕,提出想要一笔钱给同学们买礼物,想要感谢这6年的真挚友谊和浓厚情感。这个要求听起来其实很合理，几乎是人之常情，于秀娟不忍心打击女儿的热情，说要考虑一下。经过一晚上的思考，她给女儿写了一封信。信里，她给女儿算了一笔账，详细地列出女儿这一年的时间给同学送礼物的花销，同时剪了一篇对贫困山区希望小学的报道，还附上了几张亲手制作的卡片。

第二天，女儿看到了信，沉默了一阵子，而后惊讶地说："妈妈，天哪，如果你不算，我都不知道自己已经花了这么多钱了，这笔钱能让好几个贫困山区的小孩读书了。而且，妈妈，你做的贺卡比外面买的好看多了，我也要做，送给同学，代表我的心意……"

现在由于各种各样的原因，很多父母会把自己的孩子送到寄宿学校，有些孩子一个月才能回家一次，这样就减少了家长与孩子交流与沟通的次数。时间和距离的拉远，导致有时候孩子打电话回家，只有寥寥数语，没有深入的交流，甚至当孩子难得回到家后，由于各种各样的原因，父母也忽略了与孩子的交流。随着孩子年龄的增长，他们越来越不愿意将自己内心的想法告诉父母，所以即使有些父母想与孩子进行交流，却也没有了机会，因而导致两代人之间的沟通越来越少。

很多父母觉得在教育孩子方面好像无能为力了，有的家长甚至干脆把教育的责任全部推给了学校。其实，语言不能表达的，书信可以。写信能够表达出父母心中对孩子最真挚的情意，孩子在读信的时候也能从字里行间体会到父母对自己的关爱。父母可以让孩子写回信，从而通过信件了解孩子心中的喜怒哀乐，同时也能让孩子在写信的时候锻炼文字表达能力。

写信之所以是一种很好的交流方式，是因为这种方式很感人，信件中流露了父母的真情。如果不能倾洒真情于信笺上，那么写信也只能是一件流于形式的敷衍的事。当有话想对孩子说了，把心里话写下来，放在孩子的床头，信送出去后别急，别急着问他看了没有或者看了之后有什么想法。孩子肯定会看的，不过他看了之后可能会说什么，可能会什么也不说。都没关系，写信是父母单方面的情感付出，等到又有心里话了，可以接着写第二封、第三封信。

有些事情无法说出口的时候，或者与孩子冲突升级的时候，父母可以选择给孩子写信交流，这样产生的效果可能比当面开口更好。因为当面开口，难免会因为孩子的情绪而直接影响当下的表达，而写信时，心情会平静下来，说出的话会中肯一些，而孩子看到父母的信，自然也是冷静的，自然会有些反思，可能会更容易理解父母的苦衷。

父母可以在信的末尾写一句"期盼你的回信"。孩子回信，可以让父母充分了解他的思想、他的学习等现状，能够让父母针对具体情况加强引导。更重要的是，写一封信如同写一篇作文，写信是练笔的好机会，有利于提高孩子的作文水平，而且还能够锻炼孩子的思维，增加条理性。同时，写信也可以练字，有助于孩子写出一手好字。

如果觉得写信的篇幅太长，浪费时间，也可以选择一种类似的交流方式——写便条。

在日常生活、工作中，父母可能会有一些简单的事情需要告诉孩子，但因为某种原因而无法直接见到对方，不能亲口传递时，为了传递信息，就可以采取写便条的办法。便条是一种简化的书信交流方式，内容非常简单，大多数都是一些临时性的询问、留言等，往往只用一两句话就可以完成。

父母有什么话要告诉孩子的时候，可以给孩子写个便条；父母要对孩子提出什么要求时，也可以给孩子写一个便条，之后有时间再就便条的内容和孩子进行讨论。使用小便条，不仅可以给忙碌的父母带来方便，而且还可以促进正常的亲子交流，融洽亲子关系，使孩子健康成长。

换位思考，才能冷静开口

许多父母在教育孩子过程中，都会出现一种自我中心倾向——在教育孩子时，父母完全从自己的角度、以自己的经验去认识和解决问题，并且认为自己的认识是最正确的，不能意识或者了解到孩子对这一问题的态度和看法。有了这样的前提，许多父母在开口训导孩子前，已经先入为主，成竹在胸了，孩子能够接受最好，不能接受也得接受。

其实，自我中心倾向是其个性特征的一种反映。也就是说，有些父母从自己年幼时起，看待各种事物就已经形成了一种"自我中心"的定式，认识、解决问题时，一贯不太考虑他人的态度和方法。当自己成为父母后，这种定式一直延续到对待孩子的方面，而且有了不减反增的趋势。我也见过一部分父母，脑海中的

"封建家长制"思想比较严重,在他们看来,父母就代表着一种绝对权威。

自我中心倾向特别严重的父母,一方面认为"孩子是我的,怎样教育怎样培养当然由我说了算",所以孩子在学习、生活中的各项具体事情,都是由父母在拿主意,都是由父母在想办法,孩子几乎没有发表不同意见的机会;另一方面,又认为"孩子太小,我是大人,孩子必须听大人的",他们自认为自己比小孩高明,比小孩成熟,"我说你听,我训你服"是天经地义的。不过,这些父母似乎忘记了一个重要规律:外因是变化的条件,内因是变化的依据。内因出现在孩子身上,如果不能够调动孩子的积极性,光父母"一头热",即使磨破嘴唇操碎了心,也未必能收到好的教育效果。

如何才能避免严重的自我中心倾向对孩子的压制呢?很多父母可以在跟孩子开口说话和沟通前进行一番换位思考。

换位思考,是指认同他人的情感、思想或态度的能力,或替代性地体验他人的情感、思想或态度的能力。与孩子换位思考,也就是站在孩子的角度去思考去认识。这就要求父母能够理解和体会孩子的想法,但是要做到这一点并不容易,因为很多家长对孩子早已形成自己的看法和结论,很少留意孩子是怎么想的。

我曾经在新闻上看到一位教授和他的女儿之间的沟通,很受启发。

这位教授的女儿在美国求学多年,在美国宾州大学医学院攻读医学和理学双博士学位,处事方式偏西方化,但思维方式从小就受到父母的影响,颇具东方色彩。有一次,她接受记者采访时,说:"吃什么,穿什么,今天冷不冷,要不要添衣服,我从小就懂,爸妈不用操心,也不用唠叨。但一遇到大事情,读什么学校,选什么专业,我会主动找爸妈商量,听他们的意见。"教授从不强行要求女儿去做什么,想什么,只是根据自己成长的经验,给她一些指导。

在美国攻读博士学位期间,教授的女儿突发"奇想":休学两年,回国内乐坛发展。面对这种情况,国内大多数父母或许会强行干涉,竭力阻止,但教授很尊重女儿的选择,他认为女儿会半夜起来作曲,说明她有艺术灵感,有艺术创作冲动,作为父母决不该强行干涉,扑灭她的创作"火花",于是,他给女儿写了一封信:"总结我几十年的人生哲理,'假如我是他'是一种很好的自我学习和锻炼的方式。你可以用这种方式试试当教授、当校长,还可以试试当议员、当总统。这是你的自由和权利,也是自我培养、自我提高的有效手段。"

女儿也以"假如我是他"的哲理处理自己的"奇想",事实证明,艺术与科学是相互沟通、相得益彰的。这两年,女儿在国内成功地举办了多场个人演唱会,录制了歌曲专辑,拍过音乐电视,还先后两次荣获过中央电视台MTV大赛特别荣誉奖……

正是"假如我是他"的换位思考,使这位教授将女儿推上了人生成功的康庄大道。

中国封建的"家长意志"往往会抹杀女儿的创造精神,会不自觉地将儿女引入"歧途",更甚者断送了孩子的大好前程。所有的家长都希望自己的孩子听话,但绝大多数家长在教育孩子的过程中,没有考虑孩子的想法,总是将自己的目的表达得很明确,结果常常是适得其反。

儿子有段时间吃方便面有个怪癖,不放任何调料,本来这也不是什么大不了的事情，但我总是忍不住说他："你这样多浪费东西啊！哪怕放一点点也是放！"或者"如果这样你吃什么方便面，直接买挂面煮不就得了"等等。有一天，儿子端着一碗没有调料的方便面，让我尝尝。

我只尝了一口，就忍不住说："淡得一点味道也没有，难吃死了。"

儿子笑着说："妈妈，你觉得难吃，如果我非要你吃呢？"

"那我肯定加作料啊！"

"那不就得了，妈妈，谁都不愿意被人强迫做不喜欢的事情，你觉得加作料好吃，而我不喜欢加作料，你下次不要再叨叨了好吗？"

我一时竟然无言以对。老公插嘴说："是啊，你又不是他，干吗要把你的口味强加给他？一碗面又不是什么大不了的事情，值得你每次都说他吗？"

从此后，我努力让自己学会"换位思考"，在与孩子进行沟通之前，试着问自己几个问题——

我的说话方式和行为方式能让孩子接受吗？他们会听我的话，接受我的指导吗？

我希望别人用我对孩子说话的方式对我说话吗？

孩子对我为他们所做的选择会有什么想法？

如果我在这件事上遇到困难，我乐意听到别人的责骂和贬损吗？

那对我有帮助吗？

……

想完这些问题，或许你就不会对孩子嘲弄和贬损了。

"知己知彼，百战不殆。"父母在开口之前，主动进行换位思考，就能全面了解自己的孩子，就不会"自说自话"地对孩子喋喋不休，也不会用不正确的方式方法教育引导孩子了。

耐心听完孩子的话

每个人都希望获得别人的尊重，受到别人的重视。当对方专心致志地听你说话，甚至是全神贯注地听时，你一定会产生一种被尊重和被重视的感觉，自然而然地就拉近了你们双方之间的距离。由此可以看出，倾听是一种礼貌，是对讲话者的尊敬，也是对讲话者的最高的赞美，更是对讲话者最好的恭维。认真倾听，能使对方在最短的时间内喜欢你、信赖你，在最短的时间内拉近彼此的距离。

而对孩子来说，父母的认真倾听就是一种最好的爱护。

记得儿子3岁时候，我和老公带着儿子出去郊游，玩到中途，我实在是太渴了，就对儿子说："儿子，把你背包里的苹果拿出来给我解解渴，好不好？"儿子毫不犹豫地说好，从背包里拿出一个苹果，我刚想伸手去接，儿子居然咬了一小口。

我愣了一会儿，老公怒气就上来了，刚想严厉训斥儿子一通时，我耐着性子拉住了老公，对儿子说："好孩子要懂礼貌，你这样做,是不是不大好啊？"

儿子奶声奶气地说:"妈妈,我想先尝尝它甜不甜,如果不甜就不给妈妈吃了,妈妈说吃酸的会坏牙的。"

我听完后心头一震,不禁为儿子的善良而感动,同时也暗暗庆幸自己没有随意打断儿子的话而冤枉了儿子。

有时候,孩子的思维方式与大人的思维方式是有所不同的。如果父母经常不让孩子把话说完,就随意打断孩子的话,这不仅不利于孩子表达能力的提高,久而久之,还会让孩子产生自卑情绪。

孩子在对父母诉说内心感受的时候,不仅仅是诉说内心感受,也是提高表达能力、交往能力的途径。一方面,如果父母剥夺了孩子的表达机会,孩子在语言表达能力、交往能力上就会产生许多障碍,容易出现自卑情绪;另一方面,如果父母不能认真倾听孩子说话,或者和孩子缺少沟通,就会使彼此间缺乏信任,导致"代沟"产生,甚至导致孩子产生对父母的敌对情绪,对孩子的成长非常不利。

有一天,儿子放学回来跟我说了他的朋友陈翔宇的事。

原来,老师给陈翔宇的妈妈打了一个电话,让她来学校一趟。陈翔宇的妈妈到了学校后,看到自己的儿子正低头站在教室门口,一旁的老师生气地对陈翔宇的妈妈说:"陈翔宇上课时影响同学听课,我说了他很多次,他都不听,所以我希望他能出来冷静冷静。"

儿子跟我说陈翔宇平时都很听话的,今天不知道发生了什么事这么反常。陈翔宇的妈妈心有疑惑,但还是给老师赔不是:"不好意思,给您添麻烦了。"这时,站在一旁的陈翔宇听了这话,显得不高兴,狠狠地推了妈妈一下,然后大步走掉了。

陈翔宇妈妈急忙与老师道了别,追上了儿子,她看到儿子的眼睛红红的,快步地向前走着。陈翔宇的妈妈大概察觉到儿子的不对劲,温柔地问:"翔宇,你刚才为什么要推妈妈呢?"陈翔宇的嘴唇动了动,但他没有说话,眼泪先流了下来。陈翔宇的妈妈趁机挽住了陈翔宇的胳膊,说:"儿子真是长大了,你看,你现在的个子都超过妈妈了,是个大男孩啦!刚才推妈妈那一下,还真有劲儿啊!"

听到这,陈翔宇哭出了声,抽泣着说:"妈妈,对不起!"

陈翔宇的妈妈笑了,说:"儿子,你真傻,妈妈把你养大,会不了解你的性格吗?我一直对老师的话有所怀疑,你和老师之间一定存在什么误会,我想你会告诉我原因的,没想到你就那样走掉了。"

陈翔宇说:"同桌把我的文具盒藏了起来,我要他还给我,他不还,我上课没法记笔记,只好去翻他的书包,没想到被老师看见了。妈妈,对不起,我错了。"

妈妈笑着说:"有问题要及时说出来,不然别人也不知道真实情况。好啦,儿子,过去就过去了,现在,我们逛超市去!但是下不为例啊。"

像陈翔宇一样,很多孩子都会在学习和生活中遇到各种各样的困难,他们也会为某件事黯然神伤,也会被无数的烦恼纠缠。因此,很多时候他们需要一个聆听者,而父母往往是他们最值得信赖的人选。因此,作为父母,应该及时留意孩子情绪的变化,当觉察出他的情绪有异样时,应积极引导孩子把憋在心里的不快说出来,而不应该压制着情绪。

一份调查显示：80%的孩子的心理障碍和家庭教育有直接的关系，其中最为显著的是父母和孩子之间缺乏沟通交流。孩子虽然年纪小，但他们也有人格和尊严，认知世界也有自己的独特视角，更有表达内心感受、阐述自己观点的愿望。

孩子在最开始是一块洁白无瑕的璞玉，孩子能否成器的关键是父母如何去雕琢。当孩子在学习和生活中遇到问题而向父母倾诉时，父母要做孩子忠实的听众，耐心地让孩子把话说完，耐心地和孩子交流。只有这样，才能互相沟通理解，建立健康、和谐的亲子关系。

身为父母，要明白倾听更多时候也是一种爱。只有通过倾听，父母才能了解孩子的内心，才能明了事情的真相，才能做出恰当的判断。

想起一个特别有趣的故事，有一位非常著名的主持人，在一次节目当中与一个小孩对话。

当时有一个问题，主持人问小孩："如果你是一名飞行员，驾驶着飞机载着乘客在空中飞行，这时候，你突然发现飞机有问题，出现故障，没油了，你会怎么办呢？"

小孩想都没有想，直截了当地说："我就赶快跳伞，让他们在飞机上等着我，我要第一个跳伞！

坐在台下的许多观众都哈哈大笑起来，有的观众笑得东倒西歪的，认为这孩子真调皮，一发生故障就第一个跳伞，先想到让自己跳伞逃生。

主持人接着问："然后呢？"

小孩说："我去取汽油，我还得回来救飞机上的人呢。"

听到这句话时，那些哈哈大笑的观众止住了笑声，他们没有想到在孩子单纯的、幼稚的话语当中，包含着一颗博爱的心。

很多父母在听到孩子的第一句话时，就对孩子下了定论，这会让孩子觉得自己不被重视，也不被尊重。如果不能鼓励孩子说下去，并认真听孩子说完话，父母就很可能会忽视了孩子的爱心以及未来发展的可能性。

常常听到许多父母抱怨自己的孩子越来越不愿意和自己交流，有一部分原因是因为孩子在小时候的倾诉意愿没有得到家长的重视，所以渐渐地，孩子也就不愿意和父母交流了。

其实，孩子年纪越小越愿意倾诉，父母此时应该充满耐心与兴趣地倾听，因为这是与孩子沟通的黄金时期。长久地坚持下去，即便是长大了，孩子也会习惯于与父母交流。

第五章

有什么不舍得的

——轻轻地放手,远远地陪伴

父母只有放心地撒开自己的双手,孩子的独立性才能够得到锻炼。没什么不舍得的,让你放手不代表让你放弃,你一样可以远远地看着孩子,陪伴着他,在他需要的时候再给他你的手。

不让他跌倒，他就永远不知道如何爬起来

我的幼儿园里有一个小男孩，叫聪聪，今年4岁，刚进幼儿园不久。接触了几天，我发现聪聪特别胆小，总是窝在角落里，既不敢跟小朋友玩耍，也不敢碰任何一件玩具。有一天放学，我跟聪聪的妈妈聊了聊，才知道原来聪聪从小跟着爷爷奶奶长大，被保护得非常好。从小开始，无论他想碰什么东西，爷爷奶奶都会马上跑过去阻止：不要动水壶，小心烫着！不要碰电视，小心漏电！不要靠近柜子，小心被它的角磕着……时间一久，聪聪就变了，变得害怕所有东西，也对探索外部世界没有太大的兴趣。

很显然，我跟聪聪的妈妈说，爷爷奶奶的过度保护，导致聪聪在潜意识层面形成了很多阻碍和桎梏，同时，他的探索能力和创新思维也逐渐被磨灭。

由此可见，长辈对孩子过度的保护也会成为一种伤害。孩子在成长的过程中，必须要经历一些磨难，这是一种成长规律。

有一位教育专家曾经说过，你不让他跌倒，他就会永远不知道跌倒的滋味。父母不可能保护孩子一辈子，当有一天他跌得更重时，可能就爬不起来了。

一项最新的抽样调查表明,意外伤害已成为世界各国青少年第一大"杀手"。中国青少年死亡原因中的28.1%都是意外伤害,而且这个数字还在以每年7%的速度增加。实际上,在青少年意外伤害中,排除不可预见的自然灾害和人力不可抗拒的重大事故,约80%的非正常死亡是可以通过预防措施和应急处理避免的。

现在的孩子大多数都是独生子女,父母白天一般都要上班,对孩子的照顾很难做到面面俱到,很多孩子都是交给爷爷奶奶或者外公外婆照顾。老人的力量有限,而孩子此时如果能够学习到一些灾害防范和急救知识,并且通过伤害模拟训练、生存训练获得一些自救知识,就能够有效避免很多意外伤害。

前些日子,我的一个朋友说,她到亲戚家做客,突然听到外边一阵嘈杂声,还伴有女孩的呼救声,赶忙跑出去一看,原来是邻居家的主人出门拿快递,忘记关掉煤气灶,留下一个12岁的女儿在家。当厨房的油锅起火后,女孩吓得冲出门哭泣,不知所措……好在朋友看到后,立刻抓起锅盖扣了上去,才避免了事故。

事后朋友说,12岁的孩子,即使不会做饭,类似油锅着火怎么办这样的知识也应该学会了,如果这都不懂,那一定是父母的问题了。

作为父母,应该让孩子在遇到灾难时学会自救。现实生活中的很多灾难都是不可预料的,但应对灾难是家庭教育中不可或缺的一课。

具体而言,记住四项必要的事。

首先,牢记报警电话110,一旦遇到紧急情况或者异常情况,都应该及时拨打。

其次，独自在家时，记得锁好防盗门。当有人来敲门时，先从门镜观察或隔门问清楚来人的身份，切不能盲目随便开门。门口若是陌生人，不应该开门；若是熟人，可以告知大人不在家，请自行打电话与大人确认来访时间。

再者，熟记自己的家庭住址、电话号码以及家长的姓名、工作单位名称、地址、电话号码等，以便在急需联系时取得联系。

最后，在与陌生人沟通时，切记不随便接受陌生人的钱财、礼物、玩具、食品，与陌生人交谈要提高警惕，不搭乘陌生人的便车。

自己的事情自己做，不会的事情学着做

我有时候特别喜欢国外的教育方式，也不止一次地跟许多父母分享过一个故事。

4岁的小洛克菲勒，还不是很懂事。有一天看到父亲老洛克菲勒从远处慢慢走近，小洛克菲勒急急忙忙张开双手向父亲扑过去，希望父亲能够抱抱自己。可是，老洛克菲勒看到这一幕，往旁边一闪，小洛克菲勒就扑了空，跌倒在地上，痛得哭了起来。

老洛克菲勒也不管，任他哭，等他哭完后，老洛克菲勒严肃地说："记住，凡事要靠自己，不要指望别人，有时，连父亲也是靠不住的，你唯一能靠的人只有你自己，从现在开始，去学会自立吧。"

我特别钦佩老洛克菲勒的教育方式，他在教育子女上特别认真，而且他也能够狠得下心，注重培养孩子的独立生活能力，使孩子养成自立、自强的习惯。所以，洛克菲勒的家族里从未出现过败家子，这种教育方式使家族跨越了两个世纪后依然繁盛如初。

反观中国，大多数父母都喜欢把孩子视为自己的私有财产。既然是财产，父母就认为自己掌握所有权，投资是必不可少的，所以操着心，为孩子制定了五年计划、十年计划，关于未来的一切，统统都计划出来了。我承认，这样做的家长都怀着无比伟大无私的情怀，他们想要为孩子创造一个美好的未来。但是，他们是否想过，孩子的未来不是他们能够创造得了的，未来得靠孩子自己创造。

儿子在刚上小学的时候，我和老公就跟他进行了一次严肃、认真的谈话："儿子，你现在是小学生了，应该学会自己管理自己。每天早上按时起床，自己穿衣自己吃饭，准时出门上学，不准迟到；放学按时回家，先完成各科的作业，自己进行认真检查，收拾好学习用品后，才能出去和小伙伴玩。我和你爸爸都有自己的工作要忙，你有你的学习任务。你已经长大了，我们每个人都应该做好自己的事情。"

老公接着说："从明天开始，零花钱不再按天给，按月交给你，用多用少都由你自己掌握。不过，一个原则：节约自得，超支不补。"

之后的日子，我和老公默默地关注着儿子的一举一动，不定期抽查作业，只要他不出大的原则性的问题，比如哪天多用了零花钱，或者周五放学没把作业做完就出去玩，我们都不多干涉。我和老公这么做，是希望给儿子一定的自由空间。儿子也不负所望，基本能按照我们的要求去做。

当然，一开始的时候，也需要我和老公提醒，不过时间长了之后，儿子就养成习惯了，轻轻松松地读完了小学。

到了该上初中的年纪，我和老公总结了儿子小学阶段的成长，觉得他已经成长得差不多了，于是给他买了一只闹钟，告诉他："从今往后，这只闹钟会提醒你起床，很多事你要自己做了。"之后，我和老公就再也没有操过心，有时候我们还睡着，儿子已经悄悄去上学了。

如果把孩子比做一张白纸，那么，画笔应当握在他们自己的手里。父母能够做的，绝对不是在白纸上画上自己想要画的东西，而是带他们去外面看看风景，长长见识。因此，为了孩子有一个美好的未来，父母应该要学会让孩子成为自己的主人，放手让孩子自己去描绘属于他们自己的人生。

什么是自立？顾名思义，自立就是自己的事情自己做，不会的事情学着做。

创造机会,鼓励孩子自强自立

我的姐姐罗珍是晚婚晚育,年纪蛮大了才生了儿子。毕竟是唯一的儿子,所以在家里很得宠,都已经五岁半了,平时在家里都是饭来张口,衣来伸手。有一次,我很认真地跟姐姐谈了这个问题,我希望她能够培养儿子的独立性。姐姐也觉得是。

有一天,她鼓起勇气,给了儿子10块钱,让他去楼下菜市场买一把葱,剩下的钱就归他了。

儿子不是很情愿,愣着不动。姐姐语重心长地说:"妈妈像你这么大的时候,都已经帮外公外婆买酱油了,已经是小能手了。"儿子这才接过钱,姐姐显得很开心,但又觉得很担心,她怕儿子遇到危险。等了半天,儿子还没有回来,姐姐就想着出去找,我劝她不用着急,再等等,但她忍不住,急忙往前走,刚出楼道口,便看到儿子小小的身影,左手提菜,右手吃冰棍,笑眯眯地回来了。

姐姐高兴地夸奖儿子真乖,她的儿子呢,也一个劲儿地叙述自己买菜的经过,他骄傲地说:"我自己一个人不敢去,就招了邻居姐姐陪我去,我请她吃了一根冰棍。"

姐姐在我的示意下,依旧在夸奖:"儿子是很棒的,毕竟是第一次帮父母去买菜,出色地完成了任务。不过,以后你要学会自己去完成这项任务哦。"

　　从我姐姐的案例当中可以看出,有时候父母大可不必过分担心自己的孩子,更不可低估了孩子的能力,孩子自有他的办法。父母只需要事先告知孩子必要的安全知识,之后就大可放手了,让孩子自己去做一些力所能及的事,早一点体验独立的生活;父母只需要像朋友一样站在孩子的身边,做他的参谋和启蒙老师,然后把最终的决定权交到孩子手上,让他们自己去做决定。

　　在放手让孩子去做一些事的过程中,如果发现孩子做出的一些决断明显欠周到时,父母可以与孩子共同探讨,让他认识到自己的问题,然后再让他调整自己的决定。

　　需要注意的是,任何人都可能犯错误,既然父母已经把一些事情交给孩子去做,就要允许孩子犯错误。不要因为害怕把事情做砸了,就不让孩子做一些力所能及的事。孩子犯错本身也是一个学习的机会,可以借此培养孩子的自我反省能力,找出失败的原因,然后及时调整自己的行为。千万不要因为孩子没有做好事情或者犯了错,父母就对其进行责罚,这会扼杀孩子自主做事的积极性,会让孩子畏缩不前,不敢尝试。

　　朋友有一天约我吃饭,谈起自己的女儿婷婷。朋友总是把家里的生活事无巨细地安排得十分周到,不过婷婷却并不领情,对自己付出的劳动不屑一顾,总是不耐烦地抱怨:"妈妈,你烦不烦?我自己也能独自处理好自己的生活。"

　　我问:"婷婷也有14岁了吧?与其处处为婷婷操心,你不如创造一个机会,看看她到底行不行。"

　　朋友采纳了我的建议,在一个周末,朋友的老公出差之后,朋友在我家给婷婷打电话说:"妈妈这个周末有事情要去罗阿姨家住两天，你一个人行吗？"

"当然可以！"婷婷毫不犹豫地说。

朋友在我家住了两晚，她硬着心肠不给婷婷打电话，她想看看女儿离开了自己能不能生活，她希望女儿通过这个教训明白自己到底有几斤几两。

过了两天，朋友迫不及待地回了家，结果发现不管是客厅还是婷婷自己的房间，都打扫得干干净净，一尘不染的。更令朋友感到吃惊的是，朋友回到家时，婷婷正在吃饭，两菜一汤都是自己做的。惊讶之余，朋友向女儿道了歉，表示以后不会再不信任自己的女儿了。

朋友跟我感慨："原来，孩子是具备独立做事的能力的。看来，以后要多给孩子创造独立做事的机会。"

有一位教育工作者曾经说过：如果你想让你的孩子早日能够独立，那么就应该教会他如何去从事工作，并养成习惯。将孩子培养成一个自强自立的人，是每个家长的心愿，也是父母给予孩子最珍贵的礼物。当孩子拥有了独立的能力时，他的学习能力会更好，他的耐挫能力也会更强。

独立思考的孩子更胜一筹

　　幼儿园的小朋友很喜欢听神童的故事，我最常讲的是德国数学家高斯的故事。

　　有着"数学王子"之称的高斯，从小就是一个善于思考的人，而且在学习和生活中处处运用。

　　高斯3岁那一年，他的父亲负责一间泥瓦厂，每个星期六都要给泥瓦厂的工人发薪水。有一次，正当他要发薪水，小高斯突然站了起来，奶声奶气地说："爸爸，你弄错了。"之后，他报出了另外一个数目。高斯的爸爸抬头一看，小高斯正趴在地板上，一直暗地里跟着爸爸计算该给每个工人多少钱。高斯的爸爸虽然不信，但还是重新算了一遍，结果小高斯是对的，站在一旁的工人都目瞪口呆。

　　在高斯10岁那一年，老师在算数课上出了一道难题："把1到100的整数写下来，然后把它们加起来！"

　　因为高斯的班级有一个习惯：第一个做完题目的就把石板面朝下地放在老师的桌子上，第二个做完的就把石板摆在第一张石板上，就这样一个一个摞起来。老师检查作业要费很大的力气，于是就出了这个难题，心想着可以休息一会儿——虽然这个题目难不倒学过算术的人，不过这些孩子才刚开始学算术呢。

可才过了几分钟，其他同学正在把数字一个个加起来，额头都算出了汗，高斯却已经站起身，把石板放在老师的讲桌上了。

老师诧异地看着高斯："你怎么了？还没有计算就打算放弃吗？"

小高斯笑了笑，对老师说："我已经知道答案了，答案是5050。"

老师惊得目瞪口呆，问高斯是怎么算出来的。

高斯对老师说："我仔细观察了这些数字，发现这一组数字中，1加100等于101、2加99等于101……这样的等式一共有50个，所以这道题可以化简为'$50 \times 101 = 5050$'。"

很多小朋友听完高斯的故事，都会觉得他简直是个神童！但我会说，一个孩子能否成才，最关键的还是在于从小能否进行有效的思考能力的锻炼。神童也并非先天资质有多么优越，只不过他们都有一个共同点，那就是喜欢思考善于思考。高斯正是因为善于思考，所以才能在生活和学习中表现出不一般的智慧。

可是，看看我们现在很多孩子，在多数情况下都是一遇到困难，就想从父母或者其他人那儿得到帮助，获取现成的答案。

很多案例表明，孩子只有从小学会独立思考，才会更具有创造力，长大后也能够更好地掌握自己的命运。因此，作为父母，最重要的就是培养孩子的独立能力，让他懂得如何去思考，改变自己的人生轨迹，并为自己的人生绘出美好的蓝图。

世界首富比尔·盖茨，之所以有今天的巨大成就，与他从小养成的善于思考的习惯是密不可分的。在大多数时候，母亲叫比尔·盖茨吃饭，他都置若罔闻，甚至每天都躺在卧室里不出门。母亲问他在做什么，他总是一本正经地说："我正在思考。"有时候，他还会反问别人："难道你们都不用思考吗？"每时每刻，比尔·盖茨的脑子都在高速运转，几乎让很多人跟不上他的思想。直到现在，还流传着这样一种说法："和大多数人谈话就像从喷泉中饮水，而和盖茨谈话却像从救火的水龙头中饮水，让人根本应付不过来，他会提出无穷无尽的问题。"

思考习惯的养成，对于孩子以后思维方式的形成以及知识的积累都有很重要的作用。目前，也有越来越多的家长都已经意识到了让孩子学会思考的重要性，那么父母应该如何让孩子养成思考的习惯呢？

首先，多鼓励孩子发表自己的看法。

在很多家庭的教育中，父母们通常认为自己比孩子经验丰富，自己的判断、决定也是强于孩子的，所以便存在着一种"父母专制"的现象，孩子只负责听话就好，没必要参与家庭事务的讨论之中。然而，父母并不知道，长此以往，孩子就会养成凡事都依赖父母的坏习惯，他们会产生这样的认知：无论如何都要听父母的，自己没有必要发表意见。如此，孩子的独立思考的能力就被扼杀了。

在任何情况下，孩子都应当被允许表达意见，不仅仅是他可以接受的、安全的话题，而且要允许孩子进行讨论和争论。如果孩子的意见是正确的，父母要及时肯定、表扬，让孩子增强发表意见的信心。在这种鼓励下，孩子思考的积极性就会大大增强，也就达到了父母培养孩子思维能力的目的。

事实上，每个孩子都有一定的独立思考的能力，在平时，出现了问题，父母不要急于给孩子现成的答案，而应鼓励孩子自己认真思考一下。如果通过认真思考，孩子还是想不出来，父母可以逐步提示，慢慢引导孩子思考。当孩子回答错了，也不要指责孩子，而应耐心地为他讲解，同时提一些启发性的问题，来让孩子自己去发现和纠正错误。如此一来，你的孩子必将成为一个勤于思考、睿智理性的人。

其次，保护孩子的好奇心。

好奇心其实是每个人的天性，对孩子来说尤甚，他们对所有看到的、听到的，甚至想到的事物都会产生好奇心，想要探个究竟。身边那些有主见、有思想的孩子，他们往往都具有较强的好奇心，这也是孩子求知欲望的反映，更是孩子智慧火花的迸发。正是好奇心的驱使，才使得他们乐于探索和思考，并逐渐形成探索和思考的习惯。

因此，作为父母，一定要尊重、保护和正确引导孩子的好奇心。当孩子提出问题的时候，父母不能敷衍，只要知道答案，就要准确、通俗地给出答案；如果一时不知道答案，不能蒙混过关，需要和孩子一起查资料或者请教别人，最终找到正确答案，这将很好地培养孩子的想象力、思维能力。

再者，多为孩子创造思考的情境。

提问，能够引起思考，就是一种创造思考情境的方式。在培养孩子思考能力的过程中，父母可采取向孩子提问的方式，激起孩子想知道问题答案的兴趣。因此，父母可以多带孩子一起外出游玩、参观博物馆等，在游玩和参观的过程中，问孩子看到了什么，听到了什么，或者提出一个问题和孩子展开讨论，问问孩子他的想法是怎么样的，或者他觉得怎样会更好，等等。

当然,这种思考情境的创设,除了能够培养孩子爱思考的能力和习惯外,也能促使家庭成员之间和睦相处。在这样的家庭氛围中,孩子会感觉自己在民主的气氛中成长,不会有什么拘束和压力,个性得到全面发展。

孩子的事情让孩子自己去解决

晚饭过后,我和老公带着儿子到院子里打羽毛球。一到楼下,儿子看到小球场上有一群同伴在打篮球,就直接把羽毛球拍交给了我,兴高采烈地跑去加入孩子们的行列中。

才一会儿工夫,我就听到篮球场那边传来了争吵声。因为离得远,根本听不清孩子们在争吵什么,我看到一个比儿子高一头的男孩子正对着儿子连说带比划,一个劲儿地指着边线,儿子也在说着什么,手激动地推了那个男孩的肩膀,那个男孩后退了一步,但立刻又冲上来,反手推了儿子一把,一下子把儿子推倒在地。

我和老公没有诧异,只是走过去看看,儿子拍拍屁股站起来,还没有站稳呢,面前出现了一个大人,他指着我的儿子说:"你怎么动手打人?"见儿子不说话,那个大人火气更大了,说:"你是不是这个院子的?你的父母呢?得让他们好好管管你!"

老公站在儿子身边:"我是他的家长。"

那个大人火气很大,指着老公说:"你怎么管教孩子的?"

老公笑了笑,说:"小孩的事就让小孩自己解决吧,我们这些大人就别管了。"

话音刚落,那个男孩一把拉过那个大人,说:"爸,我们的事儿,谁要你来管?现在就是你让我玩儿我也不玩儿了!"

这场争吵就这样结束了,孩子们都散了,儿子接过我手中的羽毛球拍,笑着对老公说:"爸,谢谢你,我以后都会自己处理好这些事的。"

其实,孩子们在一起玩耍时,难免会产生分歧,出现一些矛盾和摩擦,这是很正常的。做父母的有时因害怕自己的孩子吃亏而介入孩子们的矛盾或冲突中,充当调停者,希望通过这样的方式解决孩子的问题,殊不知,这样反而会使问题复杂化。

父母的介入会使孩子觉得他们的尊严和自主权受到了侵害,对自尊心和自信心来说是一种伤害。更有甚者,父母介入孩子之间的矛盾,会让孩子觉得在别人面前丢了面子,从而产生对父母的反感、不满,有时候还会导致其他的孩子因此看不起自己,使孩子之间的关系变得紧张。

父母之所以介入,不过是想让孩子躲在自己的庇护之下,可他们不知道的是孩子会对父母产生依赖心理,在与他人的交往中缺乏主见和独立解决问题的能力,使其与同伴的交往出现障碍,这对孩子身心健康的发展是极为不利的。

我有一天浏览新闻,看到一则消息,说的是一位名牌大学的学生一跃从六楼阳台跳下,结束了自己年轻的生命。那位学生学习成绩一直非常好,从小学到高中,总是名列前茅。每次考完试,他都会问老师："这次考试谁是第二名？"因为他坚信，第一名肯定是属于他自己的。

如此出众的学生，自然深得老师的称赞，父母的厚爱。为了让他能够集中精力学习，他的父母可谓是操尽了心，学习之外的任何事情，父母都会代替他去做：吃饭时，妈妈会及时地把饭端到他的手边；衣服脏了，妈妈会让他更换而后洗掉；笔记本用没了，笔写不出了，也都是妈妈为他解决。他逐渐习惯了"饭来张口，衣来伸手"的生活状态，而且有时还为自己的这种生活沾沾自喜。

事实上，到了十七八岁，他连早应具备的洗衣、做饭这些最基本的生活技能都没有习得。

后来，这位学生参加高考，以全县第一，全省第二的优异成绩，考取了某名牌大学，那可是他梦寐以求的学校。这一喜讯，给家里带来了前所未有的欢乐，亲朋好友们无不夸奖他聪明。同年9月，他和其他刚入学的学生一样，无比兴奋地来到了学校。然而，新鲜的大学生活才开始不久，他就表现出了困惑，他不会自己买饭，不会自己洗衣，甚至常常找不到自己要上课的教室，甚至不知道该怎样和同学相处。尽管也有好心的同学为他提供帮助，可是总不能完全服侍他的生活起居。他因不能很好地适应学校生活而万分苦恼。无奈之际，他只好向学校提出了休学，学校根据他入学以后的表现也同意了。

第二年的7月，学校及时寄去了复学通知。收到通知的他，没有丝毫的兴奋，反而产生了无比的恐惧，他害怕自己再次离开父母，依然不能适应学校的生活，越想越糟糕，越想越害怕，于是他起身，从6楼的阳台跳下……

多么令人难过的新闻啊，多么令人心疼的孩子，也真是"可怜天下父母心"！

对于每个孩子来说，他都有自己的世界，他有时遇到的事情是不需要大人干涉的。和朋友闹点矛盾，老师给他布置了课外实践的任务等，这都是小事，他可以自己解决，父母不需要替他包办。

不少家长总是认为自己的孩子尚小，不具备自己解决困难或冲突的能力，实际上孩子虽小，却还是有解决困难的方法及策略的。所以，我们要从小培养孩子独立的判断力及独立解决事情的能力，不要总去帮助孩子，爸妈要明白，把孩子培养成高分低能的"巨婴"或者"啃老族"，其实是对孩子最大的不负责任。

从小学着为家中尽一分心力

幼儿园有个小男孩叫跳跳，从上学的第一天开始，从未自己提过背包，其实背包也不重，也从未自己穿过鞋，即使是普通的只要塞进去就能穿上的鞋。每次换鞋，跳跳就抬起脚，妈妈就跑来帮他换鞋；放学了，跳跳就把书包扔在地上，妈妈就跑来捡起背包，一路提着。

我问过跳跳:"你为什么不自己拿背包?"

跳跳理所当然地说:"背包好重,我不想提,而且这是妈妈的工作呀。她要帮我提背包,也要帮我哥哥提背包。"

有一天放学,我遇到跳跳的妈妈,就问:"跳跳的哥哥八岁,已经上小学了,跳跳也大了,您为什么不让孩子自己独立做自己的事呢?"

跳跳的妈妈笑了笑,说:"孩子还小呢,要多看书,多做题,为了让他们有充足的精力,我便担任他们的后勤部长。"

我只好笑了笑,说:"跳跳其实很聪明,五岁就背熟了九九乘法表,也认识很多字,二年级的课文都能读熟,有着超龄的数学才能和阅读能力,但是他完全没有自理能力,无法自己穿鞋子、穿衣服,连午餐桌也没办法整理,这个做不成,那个做不完,您觉得这样合适吗?"

"这……"跳跳的妈妈还在犹豫,"这些事情我先帮他做着好了,等他再大点……"

不料,一直沉默的跳跳忽然抬起头,鼓起勇气对老师说:"老师!我不要妈妈帮我穿鞋子!小朋友都自己穿鞋子的!他们都笑我笨蛋,连鞋子也不会穿!不和我玩!"

跳跳的妈妈这才真的吃惊了。

缺乏生活自理的能力,让跳跳成了自己的负担,也成了他人的负担,所以他觉得不快乐,也不够有自信,在生活中总是依赖他人,而依赖会慢慢成为跳跳未来人格的一部分,变得"懒于行动""惰于尝试"。

与跳跳完全不同的是他的同班同学小白,虽然小白来自离异家庭,但他从上学的第一天起,就自己背书包、换鞋。学习照顾自己，帮忙做家务事，是小白从小受到的教育，所以小白常常会跟跳跳说："今天晚餐的食材，是我昨天晚上和妈妈一起准备的。"

有些爸妈觉得孩子的主要任务是读书，并不需要做家务事，可是，如果把做家务事的能力运用到生活当中，不仅有助于培养自己的生活能力，更能形成良好的思考模式和习惯，培养解决问题的能力。

有一天，跳跳要切苹果，但力气不够，使出全力也压不动切苹果器。小白来帮忙，但力气也不够，他想了想，说："我有一个办法。上次我跟爸爸一起锯木头，我们把这个东西，像使用锯子一样来回摆动，一定能切苹果。"果然，他成功了，做家务事的经历，让他形成了丰富的经验，辅助他解决生活中遇到的困难，完成创造性的实践。而"想办法、不放弃、试试看"，已经成了小白的思考模式和态度。

家务本就是生活在一个家庭中的每个人的共同责任，整理自己的东西更是责无旁贷，大家生活在一起，自然都有责任参与整理和打扫。家长要鼓励孩子多做家务。做家务看起来似乎只是简单的重复性动作，但让孩子先从和自己相关的事情做起，再扩展到为其他家人服务，从小学着为家中尽一份心力，便可培养出自己的责任感。

不仅如此，在做家务的过程中，孩子还能获得自信心和成就感。虽然年纪还小，不能做得很完美，但在练习的过程中，孩子会发现自己有能力完成很多事，从中获得自信，并且在自己的劳动成果中得到成就感。

更重要的是，做家务的过程，也是培养孩子正确的劳动态度

115

的过程,热爱劳动不仅仅靠的是一种理论说教,更多的是通过孩子自身对劳动的体验而产生的。对孩子来说,劳动实践是学习知识、了解认识社会的重要途径。如果在他的记忆中只有书本知识,而没有学会运用这些知识指导实践的体会,就很难激发他进一步的求知欲望和热情。

邻居有一天跟我抱怨,说女儿张晓已经满13岁了,开始懂得追求漂亮了,最直接的表现就是她换衣服的频率越来越高了,这直接加重了她的负担。不过,她怕直接说会伤害女儿的自信心,但是不说又觉得太累了。

我劝张晓的妈妈,希望她能心平气和地跟女儿谈一谈。一个月后,邻居高兴地跟我说事情解决了。原来那天回去后,她就跟女儿说:"晓晓,妈妈的工作很忙,而你已经13岁了,可以为妈妈分担一些家务,自己的事情可以自己做,包括你的衣服要自己洗。如果你忘记洗的话,就只好穿脏衣服了。"

张晓很痛快地点了点头。可是,一周过去了,洗衣机里塞满了张晓的脏衣服,张晓妈妈很生气,本想自己动手,但她想到自己跟女儿之间的约定,就忍了下来。又过了一周,张晓还是没有洗,脏衣服更多了,洗衣机里已经放不下了,它们都堆在了张晓屋里,堆了一地,张晓妈妈还是忍住了,决定对此置之不理,以便好好教育教育女儿。

不过张晓有她的应对办法,虽然已经没有几件干净的衣服可以换了,但是她会从脏衣服堆里拣出稍微干净的衣服继续穿。

几周过去,张晓已经再也拣不出一件稍微干净点的衣服穿了,而张晓妈妈的态度丝毫没有改变,始终不肯伸出援手。张晓没办法，只好把衣服一件件洗干净了。此后，张晓的衣服都是由她自己来洗，而且她也发现洗衣服并没有自己想象的那么难。时间久了，她甚至开始帮妈妈做其他的家务了。

　　父母可以让孩子跟自己一起承担家务劳动，让孩子知道：只有通过自己的劳动，才能享受真正的人生，享受真正的生活，才能体验到创造的快乐。

第六章

幼儿园里学到的好习惯最重要

播种一种行为,收获一个习惯;播种一个习惯,收获一种个性;播种一种个性,就会收获一种幸运。

好习惯才有好未来

　　曾经有人问一位诺尔贝奖获得者："请问您在哪所大学、哪所实验室里学到了你认为最重要的东西呢？"出人意料的是，那位白发苍苍的学者淡然地回答："我是在幼儿园。"

　　"在幼儿园里学到了些什么呢？"

　　学者答："我学到了要把自己的东西分一半给小伙伴们；不是自己的东西不要拿；东西要放整齐；吃饭前要洗手；午后要休息；做了错事要表示歉意；学习要多思考，要仔细观察大自然。从根本上说，我学到的全部东西就是这些。"这位学者的经历诠释了一个道理：从小养成的良好习惯会伴随人的一生。他认为自己终生学到的最主要的东西，就是幼儿园老师教他的良好习惯。

　　小区里有个小孩，叫超超。据超超的妈妈说，她每天早上6点钟叫超超起床，一直要叫到了6点20分，超超可能才只穿好了一件上衣，而她这时候已经准备好了早餐。为了避免超超上学迟到，超超的妈妈赶快走到孩子的床前，快速地帮超超穿好衣服，又给超超挤好牙膏，倒上洗脸水，让他刷牙洗脸。

　　时间过得非常快，一下子就到了6点40分，超超的妈妈催着超超吃饭，超超拿着一块面包，才咬了一口就看见放在旁边的玩具，立马离开饭桌，拿着玩具玩了起来，超超的妈妈急忙把他拉到桌边吃饭,可是超超一块面包就整整吃了15分钟。超超的妈妈眼看着就要迟到了,只好把早餐奶塞进超超的书包里,匆匆忙忙出门。

超超的妈妈说自己实在觉得太累了,尤其是每次超超都要磨蹭,而且她还担心超超长大后做事情还会磨蹭,以后跟不上时代的步伐。

在生活中,许多父母肯定都有着这样的苦恼:孩子动作太慢,做起事情磨磨蹭蹭,慢条斯理的,浪费了宝贵的时间,降低了做事的效率,尤其是在穿衣服和吃饭等方面,显得极为磨蹭,令人非常头疼。拖拉的恶习,其实并不是天生就有的,而是在后天的环境中逐渐形成的,而这些恶习一旦成了习惯,不单单会导致孩子学习不积极,效率低下,还会导致孩子以后在成长的道路上多了很多绊脚石。

儿子有一段时间也有个坏习惯,不管是吃饭,还是做作业,总是不怎么专心,我也不知道他每天都在想些什么。我跟他说了很多次,但都没有什么效果。后来,我发现,他每次做作业的时候很磨蹭,是因为我说过只要写两个小时作业就能去玩,他每次做作业的时候都会看手表,等着两个小时过去,然后就去玩。

知道了这一点,我想了想,重新跟儿子制定了规矩。只要他专心写完作业,只要写完了,那么剩余的时间都是他的,我绝对不干涉。果然,自从实行这样的规则之后,儿子写作业的时候认真多了,效率也变得很高。

孩子在学习的阶段,都会觉得写作业的时间很漫长,很难熬,尤其是现在很多父母,跟我一开始一样,会给孩子固定的学习时间。其实这时候,不如从另一方面入手,规定任务量,而不是学习的时间,早点完成就能早点玩、早点休息,在这个过程当中,孩子会慢慢体会到专心的好处,也会加强对时间的关注,自然就会懂得抓紧时间。时间一长,珍惜时间就会成为孩子的习惯,学会合理利用时间。

好的习惯的力量是巨大的,会陪伴孩子一生,对于孩子今后的生活、学习、事业的成败关系重大,也是孩子全面发展的重要基础。培养孩子良好的习惯,是家长赠予孩子一生最好的礼物。

培养孩子遵守公共秩序的习惯

我曾经因为旅游去过一次日本,也在日本经历过一次堵车,令我终生难忘。我曾经在中国的各个城市经历过堵车,北京的堵车是最让我"触目惊心"的吧。可是,日本的那次堵车,简直是令我感到"震惊"。从伊豆半岛到东京的路上,几万辆车一辆挨一辆排了一百多公里!

当时的那个时间段,几乎所有的车都是回东京的。道路的右侧,堵成了一条长龙,左侧却空出一条"无车道"。如果这个时候,谁要是把车开到左侧,就可以直接一溜烟直奔东京。可是,时间过去了很久,每个人都自觉蹲守在漫长的等待里,没有一辆车插到空荡荡的左侧"无车道"上。

在近十个小时的时间里,在一百多公里的塞车路上,静悄悄的,不闻一声鸣笛,也看不见一名交通警察在维持秩序,就靠着车流一步一步地挪,一尺一尺地挪,最后竟然就化解了这绵延一百多公里的车龙。

这个坚忍、守秩序、万众一心的民族真是可敬又可怕!

遵守公共秩序是社会文明的标志,它能体现出一个城市的管理水平和文明程度。相对于个人而言,遵守公共秩序则是一种教养、一种风度、一种文化、一种品格。如果要想与他人、集体、社会一起和谐地生活,那么就必须遵守一定的公共秩序。

公共秩序其实有两种不同的形式,第一种是没有明文规定的,只是人们在长期的公共生活中形成的道德经验与行为习惯,或者一些约定俗成、共同认可和遵守的行为规范,比如不管做什么事都要按照顺序排队,在公共场合不要大声喧哗,不破坏公共环境等。第二种是有明文规定的,是人们社会公共生活中根据不同情境而形成的公约、规则、规章、纪律等,就像交通规则、公园游人须知、学校学生守则等,往往带有一定的强制性,甚至有的还与法律法规有衔接。

公共秩序是生活在这个社会当中的每一个人都需要自觉维护的,作为这个社会一分子的孩子,同样会出现在公共场所里,自然也有遵守和维护公共秩序的义务。因此,父母有责任从小培养孩子遵守公共秩序的好习惯。

首先,父母要让孩子在各种活动中了解公共秩序。

对于孩子而言,年纪尚小,认知不全,并不知道什么是公共秩序,也不知道为什么要遵守公共秩序,更不知道如何遵守公共秩序。如果对孩子进行生硬的说教,可能并不会让孩子有很好的体会,不如在生活当中,利用各种各样的机会和形式,引导孩子了解并掌握公共秩序。

举个例子,父母带孩子去参加一个音乐会,要衣着整齐,有顺序地进入;入场后,要坐在规定的位置上;音乐会进行时,不能随意走动,不能打闹喧哗,不能吃零食,不能乱丢废弃物;表演结束时,要鼓掌感谢工作人员(或表演者)的劳动;退场时,要有顺序地退出。

习惯的养成,不是一朝一夕的事,父母要放平自己的心态,严格要求、引导孩子从一点一滴做起,并且大胆地带孩子到真实的场景中去体验和学习,不能因为担心孩子犯错而禁止他参加任何公共活动。具体的方法有讲解、示范和严格要求、耐心引导,父母还可以创编或收集一些有关的故事、歌谣,辅导孩子诵读,使他通过具体形象感受和体验公共场所的规范和要求,或者在角色游戏中练习参加公共活动的行为方式。

其次,父母要以身作则,言传身教。

在社会活动当中,只要其中一个人缺乏自觉性,就会影响到公共秩序的维护,影响到大家的合法权益。因此,父母要以身作则,用自己的言行为孩子做出榜样,从自己做起,自觉遵守公共秩序。

公共秩序是社会文明的标志,是一个人有道德的表现。只有人人都自觉遵守公共秩序,社会环境才能秩序井然、安定文明,日常生活才能正常进行。

让孩子从小养成勤俭的好习惯

有一天,我在儿子的课外读物上看到这样一个故事:

从前,有一个勤勤恳恳的农民,一生勤俭持家,日子过得无忧无虑,十分美满。后来,他老了,日子不多了,在临终前,他把两个儿子叫到跟前,交给他们一块写有"勤俭"两个字的横匾,告诫他们说:"如果你们想要一辈子不挨饿, 就一定要照着这两个字去做。"

后来,兄弟俩分家了,父亲送的横匾也一分为二了,老大分了一个"勤"字,老二分了一个"俭"字,他们都按照父亲的意愿在生活,老大每天日出而作,日落而息,年年五谷丰登,只是,他的妻子大手大脚的,尽管年年丰收,但家中却从未有任何余粮。而老二呢,一味地追求"俭",一家人节衣缩食、省吃俭用,却仍然难以维持生计,是因为他把"勤"字忘到了九霄云外,从不勤奋耕作,每年收获的粮食不多。

有一年大旱,两兄弟的家中都空空如也,他们不禁想起了父亲的生活以及父亲临终前的话,把横匾上的两个字放在一起,突然明白:"只勤不俭,好比端个没底的碗,总也盛不满!只俭不勤,好比在盐碱地里种菜,总也没有收获。"于是,兄弟俩豁然开朗,吸取教训,将"勤俭"两个字重新合成一块横匾,时刻提醒自己,身体力行，此后，日子过得一天比一天好了。

所谓勤俭，包括勤劳和节俭两个重要方面，缺一不可。勤俭是一种立身、立家、立业的美德。勤俭持家、节俭做事，需要有一分一文的意识，需要有积少成多的行为。

勤俭节约是中华民族千百年来的传统美德。纵观古今，凡是通过艰苦奋斗取得突出成就的人，都拥有节俭的崇高美德。

北宋文学家苏东坡在生活上非常注重节俭。当年，他被贬官到黄州时，生活非常窘迫。为了能够走出困境，他制订了一套特殊的开支办法：他根据月份把所有的收入分成12份，每月只用一份；之后又把每月一份的收入分为30小份，每天只能用一份；最后他把分好的每一小份钱都挂在屋梁上，每天醒来时挑下一包来用，只能有结余不能有超出。结余的钱，另用竹筒保存，以备意外开支之需。

后来，他被调到朝廷中做了高官，收入高了，但他仍然注重节俭。他又为自己制订了许多规则，每一餐自己只能吃一饭一菜，有客人来时，只能增加两个菜，不许铺排浪费。有一次，苏东坡遇到一个老友，老友一定要请他吃饭，苏东坡答应了，嘱咐老友千万不可大操大办，老友答应了，但当苏东坡应约去老友家赴宴时，看见老友准备了一桌豪华的酒席，于是婉言拒绝入席，告辞而走。

老友不禁感慨："当年东坡遭难时，生活节俭。没想到他如今身居高位，还这样节俭。"

节俭作为一种生活方式，体现了一个人的生活态度、理想信念、价值观念和作风形象。节俭不是吝啬，而是一种美德，是一个人修身养性、陶冶情操的基础，也是一个人事业有成和发展的重要因素。

中国有句老话：成由勤俭败由奢。的确，很难想象，一个穷奢极欲、挥金如土的人会有崇高的理想和艰辛创业的精神。

随着经济的迅速发展，人们的生活水平普通提高，新世纪以后出生的孩子，生于安乐，毫无忧虑，由于不知道父母是如何赚钱的，也不知道自己的衣食住行是从哪里来的，只是觉得自己拥有这样的生活是天经地义的，所以消费观念特别强，用起钱来大手大脚，生活上追求享受，物质上随便浪费，毫无节俭意识，这不由得让人担心，更有甚者，奢侈浪费的情况已经达到非常严重的程度，如果按照这种趋势，孩子不仅难以成才，更难以成人。因此，父母应该好好教育引导孩子。

当然，有时候孩子不懂节俭，不能全怪孩子，父母也需要承担一部分责任。当下的很多父母很疼爱孩子，为孩子花钱是完全不心疼，而有些父母自身也有不合理的消费心理，比如攀比、从众、追时髦、喜新厌旧等。此外，虽然现在倡导节俭，但有些父母对节俭存在误解，认为节俭是贫穷的产物，以奢为荣，以俭为耻。

其实，这是因为那些父母从未真正理解节俭的意义。节是节制而有度，俭是节约不浪费，这是一种理性的生活态度，是值得大力提倡的。

古人云：勤能补拙，俭以养廉。这句话的意思是，只要够勤劳，即使是天赋差一些，也能把工作、学习、生活搞好，也会在事业上做出成绩；只要能够节俭，不贪图物质享受，保持廉洁的美德，就能在事业上不断追求进取，有所成就。培养孩子的节俭习惯，是家庭教育中不容忽视的一个重要课题，父母要培养孩子养成勤俭节约的生活习惯,因为这种习惯会让孩子终生受益。

在家庭教育中,父母要让孩子树立"节约为荣、浪费可耻"的观念,让节俭的观念在每一个孩子身上生根发芽,使节俭成为每一个孩子的自觉行为。在这一点上,北宋大臣、史学家司马光就是父母们的榜样。

司马光一生俭朴,同时,他也把俭朴作为教子成才的重要内容。为了教育自己的孩子力戒奢侈,谨身节用,司马光常常说:"平生衣取蔽寒,食取充腹……不敢服垢弊以矫俗于名。"平日里,他时常教育、告诫儿子,食丰而生奢,阔盛而生侈。读书要认真,工作要踏实,生活要俭朴,只有具备了这些道德品质,才能修身、齐家,乃至治国、平天下。

为了能让儿子认识到崇尚俭朴的重要性,司马光写了一封家书,与其说是家书,不如说是家书体裁的论俭约的论文。在文章中,司马光提出:"侈则多欲。君子多欲则贪慕富贵,枉道速祸;小人多欲则多求妄用,败家丧身。"他强烈反对生活奢靡,极力提倡节俭朴实,并明确指出:古人以俭约为美德,今人以俭约而遭讥笑,实在是要不得的。

在司马光的教育下,儿子司马康从小就懂得俭朴的重要性,并且一直以俭朴自律,而后历任校书郎、著作郎兼任侍讲,也以博古通今、为人廉洁和生活俭朴而称誉后世。

父母要让孩子在实践中体验劳动的艰辛,切身感受到赚钱不是一件容易的事,这对孩子本身就有很大的警示作用,不仅能让孩子知道珍惜现在的幸福生活,还会让他们学会勤俭节约。当然,父母这样做的目的不是让孩子赚钱,而是通过这样的手段,让孩子明白钱是从哪里来的,并不是"一伸手""一张口"就有的。

只有体会到挣钱的辛苦,孩子才不会随便浪费金钱。因此,父母让孩子从内心树立起勤俭节约的意识, 这样对他们今后的成长和发展大有裨益。

国外的父母特别注重培养孩子的勤俭品质和独立能力。

我曾经在杂志上看到一则故事。美国有一对非常年轻的父母,为了锻炼女儿的能力,培养孩子的勤俭意识,他们在看到一位老爷爷在繁华的城市路口卖报纸,就给了女儿5美元,让女儿去买了10份报纸。

买回报纸后,这对父母就跟女儿商量,希望她能按照原价把报纸卖出去,看看最短能在多少时间内完成。结果,借助了父母的帮助,女儿才把10份报纸全部卖出去。拿着好不容易赚来的5美元,女儿跑到卖报的老爷爷那儿,问:“爷爷,卖一份报纸能赚多少钱啊？”

“一份报纸能赚2美分。”老爷爷笑着说。

女儿自己算了一笔账,想起自己几乎花了半天的时间才赚了20美分,而且特别辛苦,她抬头对父母说:“爸爸妈妈,我以后可不能随便花钱了,挣钱太不容易了。”

在这个故事里,我们不难看出让孩子学会节约最有效的手段就是让孩子直接参与到赚取财富的过程中,让孩子学会自己去挣钱,知道挣钱的辛苦后,他们才能在生活中不大手大脚地花钱。因此,对于父母而言,培养孩子的节俭意识是非常必要的。

首先,父母要教会孩子正确地认识金钱。

对于一些年龄很小的孩子,父母应联系实际生活给孩子讲解,多引用一些事例;而对于年龄大的孩子,可以跟他们专门讨论钱方面的问题。主要谈论的问题可以有:钱是什么,钱是怎么来的,应该如何正确地对待钱财,不义之财绝不可取等。

其次,父母要教育孩子如何花钱。

实际上,每一个人的消费行为都是由被动慢慢升为主动的。因此,从孩子小时候开始,父母就要教会孩子买东西,如何用钱,如何找钱,如何选择物有所值的物品,学会先认真思考再花钱,而且逐渐养成习惯,避免盲目消费。同时,也应该教孩子把钱保管好,防止丢失、被窃。等到孩子长大一些,还可以尝试让孩子当一日家长,学会如何记账。

再者,父母要教育孩子懂得量入为出。

父母不能够不考虑自己家庭的收支情况,一味地满足孩子的所有要求,而要让孩子懂得,每个家庭的经济情况是不一样的,花钱也要看家境能力。

最后,父母要教育孩子珍惜物品。

很多孩子会有不珍惜劳动果实、不尊重劳动的坏习惯,父母要让孩子懂得现有的生活来之不易,是用汗水和心血收获的,要让孩子经常参加劳动,体会劳动的艰辛。

善于自省的孩子才能完善自己

　　我在小区里遇到过一位老爷爷,他每天都带着他的小外孙,在楼下花园里,摇头晃脑地读《诗经》《春秋》《三国志》等古书,书声琅琅,简直是小区里的一道风景线。

　　有一天,我站在他们旁边,听到小孙子问道:"爷爷,我在读《道德经》的时候,猜不透其中的意思。有时候感觉自己似乎理解了一点,可是一合上书,我又很快就忘了。爷爷,这样的读书又有什么意义呢?"

　　爷爷抬起头,四处看了看,指着不远处的一只篮子,说:"那只篮子,装过煤,你拿着它去家里盛点水给我。"

　　小孙子照他说的去做了,等他跑到爷爷跟前,水都已经漏光了。爷爷笑着说:"我觉得你下次得走快点。"小孙子只好又拿着篮子去装水,这一次,小孙子用尽全力在跑,可篮子里的水还是漏光了。他喘着粗气,对爷爷说:"爷爷,不可能用篮子打到水的,我装得满满的,但还是不行,要不我们换成桶吧。"爷爷摇摇头,说:"我不想让你用桶打水,想让你用篮子。我觉得你没有尽力。"

　　小孙子看上去很听爷爷的话,听到爷爷这么说,他就又拿着篮子去打水了,可是无论他如何尽力地跑,水还是在来到爷爷跟前就漏光了,他气得把篮子一扔,上气不接下气地说:"爷爷,你看！我说过，没用就是没用，你非让我……"

爷爷笑了笑，说："你真的认为没有用吗？你看看篮子。"

小孙子看了看篮子，我也看了一眼，发现篮子从原来黑魆魆的变得十分干净了，也没有煤灰沾在竹条上面了。爷爷语重心长地说："这和你诵读古典书籍是一样的。也许你只记住了只言片语，也许你一丁点儿也不明白其中的意思，可是当你诵读过后，你已经在不知不觉中改变了，那些文字会在日后影响你的。"

自省的作用，就是即使我们不曾记住一句话或者一个字，却依旧能够终生受益，因为它会让我们的心灵如泉水般清澈、纯净。

法国牧师纳德·兰塞姆去世后，安葬在圣保罗大教堂，墓碑上工工整整地刻着他的手迹："假如时光可以倒流，世界上将有一半的人可以成为伟人。"这句话得到了不同的解读。有一位智者曾认为这句话的意思是："如果每个人都能把反省提前几十年，便有50%的人可能让自己成为一名了不起的人。"

对于孩子来说，学会自我反省，关系到他们的发展和日后的人格塑造。

一个不懂得自我反省的孩子，永远不会正确地认识自己的优缺点，不会懂得自己的过错与不足，这只能为他们的成长平添许多障碍与烦恼。反之，当孩子学会了自省，就能做到"扬长避短"，遇到困难和挫折时，能够及时调整自己的情绪、积极进取，获得良好的进步和发展，成为一个自信、自立、自律的人，就能顺利地越过成长过程中的障碍，抵达成功的彼岸。

自我反省是认识自我、发展自我、完善自我和实现自我价值的最佳方法。一个不会自我反省的孩子永远也不会长大。通过反省,孩子才能够修正自己的错误,不断调整自身对于外界信息掌握的灵敏度和准确度,以确保能够正确地把握自己的生活。

因此,父母可以在孩子入睡之前,让孩子问自己几个问题:今天我到底学到些什么?我有什么样的改进?我是否对所做的一切感到满意?认真地面对这些提出的问题就是反省,其目的就是让孩子不断地突破自我的局限,反省自己,开创成功的人生。如果孩子每天都能有所改进,必然在未来获得意想不到的丰富人生。

父母可以引导孩子预见事物的后果。当孩子年纪小时,自制力不够,容易冲动,从而做出一些不计后果的事情。只有让孩子进行自我反省,意识到自己做的事情产生了什么样的后果,才会在以后努力克制自己的行为。

父母可以让孩子自己承担犯错的后果。

有时候孩子犯了错,很多父母觉得孩子年纪小不懂事,就替孩子承担做错事的后果,这其实是不对的,因为这会让孩子失去责任心,并且不能让他从错误中得到反省,从而三番五次地犯错误。这时候,父母可以选择让孩子自己承担后果。

父母可以引导孩子进行自我反省。

如果孩子犯了错,很多父母恨铁不成钢,一味指责,这容易让孩子觉得反感,甚至引发逆反情绪。父母可以尝试冷静冷静,引导孩子进行自我反省,知道自己犯的错,并从中得到教训和经验。

自省,顾名思义就是自我反省,即对自己的行为思想做深刻检查和思考、修正人生道路,它是一个人得以认识自己、分析自己,并有效提高自己的最佳途径和方法。懂得自省,人格才能不断趋于完善,才能慢慢地走向成熟。

每个人都有缺点,每个人都会犯错误,每个人都会不如意……在这个时候,如果只知道抱怨他人或环境,就不可能完成一件事,也不可能取得成功。一个人只有不断反省自己,寻找更好的方法弥补自己的缺点和失误,才能够以更好的姿态赢得成功。

帮孩子改掉挑食偏食的坏习惯

在养育孩子的过程中,很多父母都会遇到同一个问题,那就是孩子喜欢挑食、偏食,而且还乐此不疲。让孩子好好吃饭,成了每位父母的愿望。

很多孩子在小时候养成了挑食、偏食的坏毛病,如果得不到及时纠正,不仅会影响孩子摄取营养,更严重的,还会影响到他们的身体发育,更有甚者,还会因此养成任性执拗的坏习惯。

我表弟家的小孩叫小勇。眼看着马上要上幼儿园了,表弟特别着急,因为小勇在家里特别挑食,完全不好好吃饭。长这么大,小勇几乎没有上过饭桌,每次吃饭的时候就会绕着家里到处跑,东摸摸西玩玩,完全不专心吃饭。

即使是爸爸妈妈亲自喂他,他也不吃,总是说:"我现在不想吃饭。"有一次,到了吃饭时间,小勇不吃饭,一定要出去玩,实在没办法了,表弟带着小勇出去玩了一圈,希望他玩累了玩饿了就肯吃饭了。结果呢,在外面玩了一圈,饭喂到嘴边,小勇一把推开:"我不想吃饭,我还想出去玩。"

就这样,一顿饭,几乎耗费了三四个小时,小勇饭没有吃多少,表弟已经累瘫了,被他搞得晕头转向了。

生活中,这样的故事其实还有很多。绝大多数父母其实都知道偏食、厌食会影响孩子对营养的均衡摄入,从而影响到孩子的身体发育,而且对孩子的心理成长,乃至性格形成都有不好的影响,可是即便知道有如此多的坏处,他们依旧一点儿办法都没有,像叔叔始终无法对付小勇一样,很多父母都拿自己的小孩无可奈何。

小勇之所以产生挑食的习惯,其实跟表弟的教育方式脱不了关系。现代家庭中,像表弟家一样的家庭有很多,孩子大多都是独生子女,父母生怕自己的孩子吃不好,营养跟不上,所以总是特别关心孩子的吃饭问题,总会想方设法地让孩子多吃些、吃好些。

为了让孩子能够吃得好,很多父母基本上都是由着孩子来,孩子想吃什么,父母就为他们提供什么。很多时候,他们即便知道这样吃的营养并不合理,孩子也并不能吸收,但面对孩子的软磨硬泡,父母还是这样做了,从而让孩子养成了偏食、厌食的坏习惯。

还有一种情况是,有时候,父母越是让孩子吃,孩子越是不想吃。父母把孩子"逼"到一定程度,孩子的挑食、厌食就成了必然。

表哥的女儿天天今年7岁了,她的吃饭问题,可把表哥给愁坏了。每天一到吃饭的点儿,一家人都高高兴兴地坐在饭桌边等着开饭,但天天每次都说自己什么都不想吃,要么"没胃口",要么就是"根本不饿"。

到了暑假,外公外婆让天天去玩。外公外婆家在农村里,表哥很担心,担心天天在乡下吃不好,因为在家里,每天鸡鸭鱼肉都不愿意吃,到了农村,面对那些粗茶淡饭,天天能吃得下吗?

过了一星期,表哥打电话给外公外婆,问家里都做些什么菜,外公外婆说有腌茄子、拌豆腐、酱黄瓜等,表哥叹了一口气,哀愁地说:"天天是不是都不爱吃?要不让她回来吧。"

"不啊。"外婆笑着说,"天天每天吃得可开心了,都能吃两大碗饭呢。"

很多父母可能会对这样的情况感到奇怪,但其实这是饮食的"对比度"在作祟。孩子之所以会产生挑食厌食的现象,主要在于,家长过分迁就孩子,甚至为了要让孩子吃好,买来各种各样的所谓高级的儿童食品,任其随心所欲地吃过多的零食,从而导致孩子偏食厌食。而有的时候,可能是父母的一些言语暗示导致了孩子的偏食。如果父母经常在孩子面前讲某种食物不好吃,孩子就很容易对这种食物产生厌恶,从而形成挑食的坏习惯。

挑食的孩子不仅十分任性,而且心思敏感、挑剔,自制力往往不是很强,时间长了,就会影响到孩子的性格发展。为了纠正孩子的挑食问题,父母要特别注意以下几个方面:

第一,吃饭时间要固定,吃饭时要专心。吃饭必须在固定的时间,不能想吃就吃,想不吃就不吃。进餐时要专心,不允许一边看电视一边吃饭,也不允许在吃饭时玩游戏,要有正经吃饭的状态。

　　第二,饭菜可以变化花样。当孩子对吃饭有了兴趣后,父母可以尝试在做菜时变化花样, 避免孩子对同样的食物产生厌烦心理。

　　第三,有些孩子不爱吃蔬菜,父母这时不妨给他们吃带馅的食品,比如饺子和包子等,以蔬菜、肉和鸡蛋等为馅,不仅味道鲜美,营养丰富,而且也有利于儿童咀嚼吞咽和消化吸收。

　　第四,不要强迫孩子去吃一些有辣味或者苦味的蔬菜,或者味道比较怪的蔬菜,比如胡萝卜、香菜、韭菜等,可以让孩子慢慢适应,在做其他菜的时候稍微加一点。

　　父母要告诉孩子不能偏食、挑食的原因,因为人都要生长发育,需要摄取各种营养素,而这些营养素都是来自于各种食品。如果不摄取足够的营养,就会影响到身体的发育,让身体经常生病。

　　父母要给孩子树立榜样。有些家长自己就有偏食的坏习惯,自己不喜欢吃的东西也不给孩子吃,这是非常不对的。父母要以身作则,和孩子共同改掉偏食的习惯。

让孩子学会按计划做事

朋友的女儿楚涵,从小跟着奶奶长大,到了上小学的时候,才回到父母身边。朋友觉得楚涵特别不对劲,经常是想到什么就做什么,而且经常一件事做不到三分钟,就跑去做另一件事,最后所有的事情都做得乱七八糟的。朋友常常帮她收拾烂摊子,被折腾得焦头烂额的。

有一天,楚涵正在看电视,见电视里的小朋友玩电动娃娃,就嚷着要电动娃娃,非要妈妈去买不可。朋友费力地买回电动娃娃,楚涵只玩了一会儿,又跟她说要画画。朋友翻箱倒柜找出画笔和纸,她胡乱涂了两下,又说要吃巧克力,逼得朋友不得不再次下楼。

那一天,朋友楼上楼下跑了十多趟,腿都软了。

朋友想,楚涵这样"想一出是一出"可不行,一定要让她学会做事有计划,不然在学校里麻烦会更多。于是她问我的意见。我觉得,需要让孩子学会系统思维,把一天要做的事情理清楚,然后提前做好方案,并且按照方案去做事。

于是每天晚上睡觉之前,朋友都会到楚涵房间里,问她明天准备做什么事。一开始的时候,楚涵就摇头摆手:"妈妈,都晚上了,我要睡觉了,明天再说吧。"很长一段时间,她总这样说。

朋友觉得这样不行,就劝楚涵:"明天再说,也行。但是如果你明天告诉妈妈你想吃冰激凌,妈妈可买不到。没有提前准备的事,妈妈做不了。你只有把想做的事情都提前计划好,才能好好安排。"

听朋友这么说,楚涵静下心来想,但总是想了这里忘了那里。于是我又跟朋友说,"你可以先帮她设计一个模板,然后,让她按照你的模板做计划,怎么样?"

于是朋友帮楚涵制定了第二天的计划:8点起床,15分钟收拾卧室,穿衣服,10分钟刷牙洗脸,20分钟吃早餐,30分钟看动画片……听着妈妈一条条的计划,楚涵一面认真听着一面点着头。

在妈妈的指导和督促下,楚涵很有计划地度过了第二天,到晚上睡觉的时候,朋友问:"这样有计划做事的感觉怎么样?"

楚涵由衷地说:"很好。"

朋友趁机引导:"那你现在把明天要做的事情想好,告诉妈妈。"

楚涵想了一会儿,把想做的事情都写在了纸上,做了人生中第一张计划表。坚持了几天之后,她渐渐不用朋友提醒,就能在睡觉之前把第二天要做的事情计划一遍了。

开学以后,楚涵做事有计划的习惯依然保持着,还竞选上了班里的生活委员。班里的很多活动都由她来安排,她果然安排得井井有条。因为楚涵做事有计划,时间利用率很高,虽然与学习无关的工作很多,但是学习成绩依然很好。朋友从心底里高兴。

无论是一件多么小的事情,都要让孩子有做计划的意识。做计划,从来不是一个简单的程序,而是一种锻炼孩子形成严谨态度的手段,也是一个让孩子具备独立做事能力的机会。

身边点点滴滴的小事，或者关系一生的目标追求，计划都是不可或缺的。

在日常生活中，爸妈要向孩子强调计划的重要性，并让孩子制定各项行为的计划。当然，制定这些计划的时候，爸妈一定要参与进来，因为孩子小，自制力差，爸妈参与进来起监督作用，有助于孩子实施计划。

邻居家的小孩泽泽既听话又懂事，会为自己制定学习和生活计划，而且也能落实计划，但是泽泽妈妈最近发现，泽泽有些事情做得不好，甚至不能令她满意。经过一段时间的观察，泽泽妈妈认为是泽泽制定的计划本身有问题，有些标准不高，有些缺乏合理性。

于是，泽泽妈妈开始每天晚上找泽泽聊天，引导泽泽回想过去一天做了哪些比较满意的事，为什么满意？哪些事没有做好，为什么不好？在妈妈的不断引导下，泽泽开始认真思考和反省，慢慢找到了满意或者不满意的原因，而后又找到了改进的方法，从一开始不合理到慢慢合理。

坚持了几天，泽泽感受到了以前从未感受过的成就感。妈妈看着泽泽的进步，赞许地点点头："泽泽，以后每天晚上睡觉之前，把今天发生的事情好好想一遍。做得好的事，找出原因，积累经验；做得不好的事情，找出原因，并且想出避免产生问题的方法。"

泽泽真的这么做了，他每天睡觉之前都会对自己今天做过的事情进行反思，并且把其中遇到的问题写在日记本上，连同问题的处理方式也写上。渐渐地，泽泽做事情越来越好，对自己也越来越满意，无论做任何事，他都一面做一面检查，发现问题及时解决。最近,泽泽发现自己的学习成绩有了明显的提高,同学关系也处理得越来越好,妈妈对自己更加满意了。

看着孩子一步步走向完美,那感觉真是妙不可言。泽泽妈妈感叹:"泽泽现在才算是真正学会按照计划做事了,因为他已经懂得随时检查、修正自己的计划。只有计划合理,再认真落实,事情才能越做越好。"

做事有计划,是一个人工作、学习、生活的良好习惯,也是一种积极的生活态度。父母应该对孩子从小进行培养,让他们养成系统思维、计划落实、检查反思的良好习惯。

第七章

愿你有好运气，
如果没有，愿你有好心态

亲爱的孩子，我们都希望你未来的世界好过今天的世界，但是如果没有，我们希望你遇到不幸的时候，依然保持良好的心态。

这个世界上，没有人有义务要喜欢你

我很喜欢歌手玛丽安·安德逊，不过她谈起她早期的生活，却令我觉得惊讶。那时候，她事业失败，整个人抑郁不得志，几乎想要放弃自己的歌唱生涯了。后来，凭借对心灵的追求，她才慢慢恢复勇气和信心，准备继续为自己的事业奋斗下去。那一天，她兴致勃勃地向母亲说："妈妈，我要再唱下去！我要每个人都喜欢我！我要继续追求完美！"

母亲听了之后，说："这很好！这是很好的志向，妈妈支持你。但是，你要知道，我们的主耶稣以完美的形象到这世界上来，却还是有人不喜欢他。"玛丽安听了之后，十分震撼，从而在音乐的造诣上"力求"完美，而不是"渴望"完美。

她认为这是母亲给她的最好赠言。

我老公小的时候，因为公公长年出差在深圳一带，经常给他带些比较贵重的礼物，比如说名牌的皮带或者手表等，他的零花钱也比别人多点，于是班级里有部分人对他看不顺眼，说他爱"显摆"。

我老公对婆婆说了这件事情，婆婆听后只说了一句："没有人有义务要喜欢你。"

就是这句话让老公豁然开朗，他想自己没做错什么事情啊，看不顺眼就看不顺眼好了，干吗非得让所有人都喜欢自己呢？

后来有一次我去客串老公的同学会，当年那几个"看他不顺眼"的同学都在，大家说起当初，一个个很是兴奋，也有人提到："当时，我们就觉得你是有钱人的孩子，和我们不是一路人。"

所以说，没有谁有义务非要喜欢谁，家长一定要让孩子明白，即使你特别优秀，特别出色，还是会有人不喜欢你，但不喜欢你，不是你的错，只是你没有他们喜欢的特征罢了。

而且，孩子总是希望别人先来喜欢自己，却不曾想到要如何才能让别人喜欢。

所谓的得到友谊的能力，并不是指勾肩搭背、与人攀谈、动作滑稽或讲些逗趣的笑话等方式，而是应该指一种心情、一种处世的态度或是一种愿意把自己的爱、兴趣、注意力及服务精神献给他人的愿望。为了得到友谊，我们必须先认清"施与比受用更有福"，然后把这种认知用实际行动表现出来。

要想赢得别人的友谊或感情，不需要先担心别人是否会喜欢我们，而是要用心去改变我们的态度，并增进能让别人喜欢你的品质。

我们要告诉孩子，你必须做一个讨人喜欢的人。我们要着手去培养我们的孩子去做所有能够激发友情的事。但是，同时我们也要让孩子明白，你不可能取悦任何人，做到问心无愧就可以了，不需要活在他人对自己的评价里。

放弃猜疑，大气的孩子受欢迎

　　除了在学校当幼师，我有一段时间还经常当亲戚朋友小孩的"心灵导师"。其实说到底，就是做小孩的听众。

　　小江是第一个上门来找我倾诉的，他最近患上了失眠性神经衰弱，学习成绩也大幅下降。事情的起因很简单，一个周日的晚上，室友小林在寝室里收拾衣服，顺手把衣服堆放在了小江的床上了，因为距离最近，但小江有轻微的洁癖，所以他朝小林瞪了一眼。其实小林并没有看到小江在瞪自己，其他室友也没注意到，不过小江立刻后悔了，因为他怕其他同学看见，觉得自己不够友好。正在这时，小江四处观望，刚好有一个室友抬头看了一眼小江，小江不好意思地笑了笑就转过头去。

　　但是那个晚上之后，小江整天就活在担心里，他怕那个室友告诉别人自己瞪眼的事，怕同学说自己太小气，于是他每天都在注意其他同学的反应，也不出去玩。

　　有一次，恰好看到他瞪眼的那个室友问他："你今天怎么没有出去玩呢?"小江心想，那个室友应该是让他走开，这样就可以和别人议论他之前瞪眼的事儿了。有一次小江回来有点晚，其他人正在说笑，也没有人跟他打招呼，小江认为那几个室友一定是说好一起不理他了。第二天，小江到了教室，发现教室里的同学正在用异样的目光看着他,他心想坏了,室友们一定是把自己的事情对全班的同学都说了,这一下好了,全班同学都知道自己是个小心眼儿的人了。

从那天以后,小江在教室里,只要听到同学们在笑,就认为他们是在笑自己;他坐在教室的前面,他担心别人在背后说他的坏话;坐在教室后面,他又觉得前面的人一回头就是在看他,然后在讲他的坏话。于是,小江每一天都坐立不安,连在寝室睡觉也不踏实,因为他担心自己睡着后室友会趁机讲他的坏话。

我不得不遗憾地承认,现在很多孩子并不如预期那般慷慨大方,懂得宽容,懂得换位思考,相反,往往有很重的猜疑心。一旦掉进猜疑的陷阱,必定处处神经过敏,对自己和他人都失去了信任,这种不正常的心理现象,会直接影响到孩子的身心发展。

在现代家庭教育中,虽然孩子都是手心里的宝,备受长辈们的宠爱,但父母们还是应该注意培养孩子的大气品质。为人父母者都知道,孩子只有学会了大气、宽容,才能得到周围人的喜欢,才能建立良好的友谊和人际关系,并因此变得开朗、自信。

我曾经遇到过一个学生,她在幼儿园的时候性格就特别孤僻,后来上了小学,性格也依旧如此。她经常觉得周围的人对自己有意见,与自己过不去,尤其是自己班里的老师和同学。如果有几个同学从她的身边经过而没有跟她打招呼的话,她就想:"哼,不跟我打招呼,有什么了不起的,不要以为自己有什么了不起。"如果她看到有几个同学聚在一起,她就会以为他们是在议论她。

她几乎看谁都不顺眼，课间如果有同学不小心轻轻地碰了她一下，她就会与对方发生争吵，说对方是故意冲着她来，要欺负她。事情被老师知道了，老师如果指出了她的不对之处，她就会认为老师是在偏袒对方。因此，她在日常生活中，长期寡言少语，脸上极少有笑容，与整个社会格格不入。

她在班上没有好朋友，成绩也很普通，她总是认为自己是一个很不幸、很无辜的人，她觉得自己对别人没有任何恶意，但不知为什么世上没有人喜欢她。

这是比较典型的心理障碍——猜疑心过重。

猜疑是在对人、对事物没有进行客观的了解之前，主观地假设与推测，是非理智的判断过程，是人的基本弱点之一。

孩子爱猜疑是对周围世界不信任度较高的一种心理表现，主要体现在孩子对周围事物显得极为敏感，并且容易从消极的方面去进行思考，常常把事情和当事人往坏处想，往对自己不利的方面想。有这种心理问题的孩子，会对各种事物，只要有不完美的地方，哪怕只有1%的可能，他们都会当成100%的可能去怀疑、担心、害怕，从而影响了身心的健康发展。

那么，孩子爱猜疑的原因是什么呢？一般来说，孩子爱猜疑的性格与其个性心理特点有关。通常情况下，具有抑郁心理的孩子比较容易变得郁闷、爱猜疑，导致行为出现孤僻，多愁善感的特点。

而且，还与辨别是非的能力有关，如果一个孩子的是非观念比较模糊，就容易多疑，而一个孩子的辨别是非能力强，则不容易多疑。

对于猜疑心过重的孩子，父母可以从以下的几个方面来帮助他克服。

首先，父母可以引导孩子进行换位思考。换位思考的作用在于体验他人的心理感受，避免走极端，总认为别人针对自己。父母在教育孩子时，态度要客观，打消由先入为主的假定引起的心理定式，头脑保持冷静，要客观、公正地分析发生的事情，防止消极的自我暗示。

其次，父母可以多给孩子安排一些集体活动。集体活动能够让孩子与他人多接触、交往，通过谈话、共同游戏等活动帮助孩子与周围的人进行情感交流，培养孩子与同伴之间的信任情感。因此，为了给孩子创造良好的情感交流环境，可以多多安排参加集体活动。

再者，父母可以多提醒孩子注意调查分析。当孩子对别人有所猜疑时，父母千万不要帮忙下定论，不能听风就是雨，不妨让孩子先本着实事求是的原则进行调查，建议孩子主动去了解别人的真实想法，通过询问或者采访的方式了解事实，了解别人的真实态度，来证明自己的一些猜想是没有根据的。

宽容让孩子练就非凡的气度

有一个周末,我发现儿子的情绪不对,气鼓鼓的,涨红着脸,嘴里嘟嚷着自言自语:"我会报复他的, 我会让他打心底里感到后悔的。"看着儿子十分专心的模样,我喊了他好几声,他都没有听到。

我提高声音,问道:"宝贝,谁呀,你要报复谁呢?"

儿子突然回过神来,看了看我,脸上勉强露出了笑容,对我说:"哦,妈妈,你还记得我的竹蜻蜓吗?这是爸爸特意从北京给我带回来的,特别漂亮的那个,你还记得吧?你看看,它现在都折成这样了,都是浩辰干的好事。"话一说完,儿子气愤地拿出折坏的竹蜻蜓给我看,果然是"体无完肤"。

我收拾好客厅,十分冷静地问他:"浩辰怎么会弄坏你的竹蜻蜓呢?"儿子气愤地回答道:"我们俩刚刚在小区里玩,他想借我的竹蜻蜓玩一玩,我也借了他的玩具车在玩。不过,我只顾着玩,没有看到脚下的石头,摔了一下,他的玩具车被我摔坏了一个角,我已经跟他道歉了,说我不是故意的,他完全不理会我的话,跳起来就过来骂我,这也就算了,他突然抓住了我的竹蜻蜓,使劲地扭了几下,狠狠地摔在了地上。你看看,都摔成这样了,真是太过分了,我一定要报复他,让他后悔。"

我笑了笑，说："噢，儿子，你不要生气了，妈妈认为他不值得你对他生气。如果这件事真的是他不对，如果他真的像你说的这样，那我觉得他已经为此受到了足够的惩罚，因为你不再喜欢亲近他，按照他的脾气，可能也很少有朋友会跟他玩。我觉得这些就足够当作你对他的报复了。"

儿子听了这些话，已经没有刚才表现得那么生气了，但还是说："虽然事情是这样的，可是他弄折了我的竹蜻蜓。那是爸爸从北京带回的礼物，我实在是太喜欢它了！妈妈，你知道我撞坏他的玩具车后，我还说要把自己的玩具车赔给他呢，可是他还是这样可恶，我一定要报复。"

"那好吧，既然你这么生气，妈妈也不阻拦你。"我顿了顿，说，"不过，我认为你要是不在意他会更好，因为蔑视是你对他的最大的伤害。他自会因他的行为而受到惩罚的。你记不记得浩辰上个月发生的那件事？他那天放学回来碰巧看到一只蜜蜂在花丛中飞舞，就想着要抓住它，揪掉蜜蜂的翅膀，可是他非常不走运，不但没有抓到蜜蜂，反而被蜇了一口。浩辰就特别生气，就像你现在这样，他发誓要报复，于是就找来一根棍子，捅了蜜蜂窝。刹那间，整个蜂群都飞了出来，向他身上扑去，你也知道的，他被蜇了无数下，凄声哭喊着，痛得在地上打滚。谁能知道他会得到这样的结果，非但没有抓到蜜蜂，反而自己受了伤。"

儿子现在的怒气已经消了一大半了，他说："好吧，妈妈，我承认你的建议不错。我觉得报复是不对的，我以后不能这样生气了。"

孩子的宽容心是一种非常珍贵的感情，主要表现在能够原谅别人的过错。这种感情，有助于孩子个性的健康发展，情感的健康发展,以及建立良好的人际关系。

富有宽容心的孩子往往心地善良,性情温和,惹人喜爱,受人拥护,而缺乏宽容心的孩子往往性情怪诞,容易走极端,无法处理好人际关系,在未来的成长中寸步难行。宽广的胸怀不是天生的,是靠后天培养和教育实现的。因此,父母需要教会孩子学会宽容,因为这不仅仅关系到孩子能够处理好与同伴之间的关系,更是为孩子将来的人生奠定良好的基础。

生活中,父母要从日常生活、学习中加以注意,抓住每一件可以教育的事情,不断对孩子进行宽容待人的引导和教育,使宽容的理念逐渐融入他们的品格之中。

我曾经在《读者》杂志上看到过这样一则故事:

在一次庆功宴会上,有一位年轻的士兵在走路的过程中,不小心把菜汤洒在一位将军的秃头上。这时候,宴会上鸦雀无声,士兵更是吓得目瞪口呆。但出乎所有人意料的是,这位将军笑了笑,说:"年轻人,你以为用这种办法就能治好我的秃头吗?"

话音一落,全场紧张的气氛立即松弛了下来。士兵的失误,按照一般人的思维,原本会引起一场暴风骤雨,结果因为将军的宽容大度,反而引起了一阵笑声。在场的每个人对将军的宽容大度肃然起敬,大家领略到了什么叫作将军风度。

这个故事告诉我们,宽容不是软弱,也不是无能,而是一种风度,是一种让人肃然起敬的风度!原本想象中的暴风雨并没有发生,就是因为将军用巧妙的语言化解了当时尴尬的场面。

一个宽宏大量、与人为善、能主动为他人着想和帮助别人的人,一定会讨人喜欢,被人接纳,受人尊重,具有魅力,因而能够更多地体验到成功的喜悦。

宽容是一种品德，也是一种智慧。不过由于现在的孩子大多数是独生子女，受到父母的过度溺爱，更多的是以自我为中心，很少顾及他人的感受，对别人给自己带来的一点伤害总是耿耿于怀。孩子在与小伙伴交往的过程中，往往容不下对方的小小过错，从而在人际交往中，不能与小伙伴形成良好的关系。因此，父母一定要从小培养孩子宽容的品质，让孩子掌握人际交往中的智慧。

教孩子管理自己的情绪

在日常生活中，我们不难发现，当一名情绪愤怒的人开始辱骂或嘲笑你时，不管他做得对不对，如果你以相同的态度对待他，那么那个愤怒的人实际上已经控制了你的情绪；相反，如果你保持冷静和沉着，不生气，那么这时候，控制了你情绪的人依然是你自己。

有时候，做一件事情就像是在打球，而情绪就像是一只苍蝇，当苍蝇落在你的球上时，不要理它，专心致志地击打你的球！当你的球飞速奔向既定目标时，那只苍蝇不用你赶，自己就会飞走。相反，如果你非要跟这只苍蝇斤斤计较，并让它控制了自己的行动和心理状态，那么，你可能实现不了自己的目标。

其实这个比喻,来自于一场人人皆知的比赛。

1965年9月7日,世界台球冠军争夺赛在纽约举行。当时路易斯·福克思的得分遥遥领先,只要再拿下几分,他就能稳坐冠军宝座。就在这时,有一只苍蝇落在了主球上,他急忙挥挥手赶走了。可是,当他伏身准备再击球时,苍蝇又飞了回来,他只好又起身驱赶,可是苍蝇好像是在故意跟他作对,只要他一伏身,苍蝇就又飞回到主球上,一旁的观众也发现了这个现象,开始哈哈大笑起来。

路易斯的情绪开始逐渐恶化,最后失去了理智,他愤怒地用球杆去击打苍蝇,结果不小心碰到了主球,这时候裁判判他击到了球,路易斯因此失去了一轮机会。之后,他方寸大乱,连连失利,此时,路易斯的对手约翰·迪瑞却越战越勇,最后反超路易斯,赢得了冠军。

第二天,路易斯投河自杀。

路易斯·福克思因为不能控制自己的情绪,在比赛的关键时刻,和一只小小的苍蝇斗气,不仅丢了冠军,甚至连自己的生命也丢掉了,这真可谓是因小失大、得不偿失。

美国著名心理学教授丹尼尔·戈尔曼说:"一个人在社会上要获得成功,起主要作用的不是智力因素而是情绪智能,前者只占20%,而后者占80%。"在成长的道路上,最大的敌人其实并不是别人,而是自己和自己的情绪。一个人的成败深受情绪影响,愤怒时,不能熄灭怒火,使周围的合作者望而却步;消沉时,放纵自己的萎靡,让许多机会白白浪费。然而,情绪的控制,对成人来说尚且不易,对孩子来说,那可就更难了,由于不具备成熟的心性,因而不能够很好地控制自己的情绪。孩子只有具备了积极的动力情绪，才能愉快地学习、快乐地生活，从而愿意并且能够为自己所处的团队贡献自己的才智，同时获得自我成长。

我有一个大学男同学孙科，他很上进，而且脾气很好。大三时我们选修了同一门课，谈起他的好脾气，他说这完全得益于他的母亲跟他的一次谈话。

他9岁那年的一个周末，他和同学约好一起去郊外远足，不过他的父母以安全因素为理由，不论他如何恳求，都不同意。饭桌上，孙科感到十分愤怒，他跑回自己的房间，捏紧拳头在墙壁上猛击，一面打一面哭，最后双拳被自己敲得血肉模糊，直到他父亲进来揍了他一顿才作罢。

晚上，他母亲一声不吭地进来，给他涂了药，包扎好伤口，不过却一句安慰的话都没有说。又恨又怒的孙科倒在床上哭了半个多小时，最后哭得累了才停止。过了一会儿，他母亲走了进来，对他说："发怒本身就是一种自我伤害，而且对事情的解决是没有用处的，需要好好克服，而且能控制自己情绪的人才能掌握自己的命运。"

这段话一直深深地印在了孙科的心中，即使他慢慢长大，懂得了许多道理，但妈妈的这段话仍是他一辈子都珍惜的教诲。

后来，孙科自己也为人父了。也许有点遗传因素，孙科的儿子磊磊也是个好强的男孩子，凡事都喜欢"斗狠"。一次，他和邻居家的小朋友因为羽毛球是否过界发生了争吵，磊磊当场就开始责骂对方，对方也不甘示弱，这场"战争"虽然及时被双方父母制止了，但是磊磊从院子里回来，越想越气，在家里用了他能想到的一切词语骂小朋友。

孙科的妻子见儿子情绪如此激动，忍不住要上去教训一下，但是被孙科制止了，打手势让妻子看着儿子"表演"，只见孙科挥舞着羽毛球拍，骂场地的线画斜了，骂小朋友故意往地上扣球，骂对方的父母偏心……

半个小时后，儿子说得嘴巴都干了，也实在想不出任何可以骂人的词语了，只能气愤地站在一旁。

这时，孙科站直身子，慢悠悠地转过头，满面灿烂的笑容，轻声说道："磊磊，你今天晚上有点儿激动，不是吗？"

儿子愣住了，自己辛苦骂了半天，没想到爸爸是这样的反应。

这时候，孙科倒了一杯水给儿子，说："既然你已经骂完了，现在感觉是不是好多了？"

"是的，可是……"

"那跟爸爸出去散步吧。"孙科牵着儿子的手，走下楼，走到了邻居小朋友家的门口，只听到一阵欢声笑语传来，电视里正在放着动画片。隐约可以听到小朋友的笑声。

孙科轻声对儿子说："你看，你把这事情看得那么严重，可是，人家早就把这件事情忘记了，你生气，是在和自己过不去，假如你刚才不生气的话，现在你也一样不会错过晚上的动画片。"

情绪控制是一项人人都必须掌握的重要能力。随着年龄的增长，孩子应该慢慢学会控制自己的情绪，不能让坏情绪影响自己的性格和人际交往。因此，父母要教会孩子如何管理情绪，使孩子更加独立，健康地成长。

让孩子保持乐观的心态

有一天放学后，儿子不知道从哪里翻出来一本杂志，杂志里有一个很有趣的故事，说是从前有一位秀才进京赶考，这是他第三次考试，又住在同一家客栈。

考试前两天，他连续做了三个梦：第一个梦，梦到自己在墙上种白菜；第二个梦，梦到自己在下雨天戴了斗笠还打着伞；第三个梦，梦到自己跟心爱的女子躺在一起，却背靠着背。秀才想了想，在临考之际做这么多梦，一定有些深意，于是就去找算命的解梦。

算命的人一听，连拍大腿，说："我劝你还是回家吧。你想想，高墙上种菜不是白费劲吗？戴斗笠打雨伞不是多此一举吗？跟心爱的女子躺在一张床上，却背靠背，不是没戏吗？"秀才听到这，心灰意冷，回到店里，收拾包裹，准备回家种地。

客栈老板觉得奇怪，问："不是明天才考试吗？你今天怎么就打道回府了？"秀才就把自己的梦和算命人的话都说了一遍，客栈老板就笑了，说："我倒觉得，你这次一定能考中。你想想，墙上种菜，不是高种(中)吗？戴斗笠打伞，不是双保险吗？跟心爱的女子背靠背躺在床上，不正说明你翻身的时候就要到了吗？"秀才一听，觉得十分有道理，于是精神振奋地去参加考试，结果中了个探花。

儿子说："这个故事是教我们要做个乐观的人，对吗？"

我说："对，那你觉得你是不是一个乐观的孩子呢？"

儿子一时答不上来。这时候，老公端着一盘刚烤好的大虾喊叫"开饭了"，烤盘里有三只虾，刚好一人一只，儿子拿起虾就剥，剥得太快，被扎到了手指头，他手一抖，虾就掉在地上了。

儿子惋惜地说："哎呀，真可惜！就这样损失了一只虾！"

我笑了笑说："不就是一只虾吗？弄脏了那就不吃了。"

儿子又说："那只能等下一次吃爸爸烤的虾了，下一次是什么时候呢？"眼里满是期待。

老公对儿子说："下一次是什么时候我也不知道，但是不管如何，这一次的也已经弄脏了，不能吃了，还去想它干吗？"

我说："其实这就是乐观和悲观的区别，没有了虾，你还可以把粥喝了，尝尝其他的菜也不错，很多事情都是这样，发生了就不可挽回了，儿子，你要知道这一点，所以，你不能太介意哦！"

其实，在生活中，孩子常常会碰到类似的小问题。虽然都是小事，但也折射了孩子的人生态度。孩子是乐观还是悲观，可以从中看出一点端倪。

有一位智者说过："生性乐观的人，懂得在逆境中找到光明；生性悲观的人，却常因愚蠢的叹气，而把光明给吹熄了。当你懂得生活的乐趣，就能享受生命带来的喜悦。"人生当中，我们一定会遇到许多难以预料的挫折和坎坷，如果我们因此往坏处想，只会越想越苦，终成烦恼的人生。

我曾经在一位国外老师的书中读到过一个真实故事。那位老师有一个学生叫吉米，他从小就性格开朗、乐观，很多年后，吉米长大了，当上了飞行员，实现了自己翱翔蓝天的愿望。为此，他感到十分高兴，逢人就讲自己的工作。

有一天，他遇到了一个老朋友约翰，他们曾经是同学。

吉米高兴地分享自己的快乐："约翰，前几天，我在大草原的上空练习飞行，景色真是美丽极了。飞在天上的时候，我发现自己什么烦恼都没有了。"

"那会不会有危险？"约翰担心地说。约翰是一个十分悲观的人。

"飞行当然有一定的危险，不过飞机上的安全设备很齐全，通常情况下都是没事的。"

"万一那些安全设备失灵了怎么办？"

"通常情况下不会的，不过就算安全设施失灵了，还有应急措施呢。哪怕应急措施也失灵了，我还可以跳伞自救呢。"

"跳伞也有很大的危险啊。万一跳伞失败了，可就是牺牲了生命啊，毕竟你不能保证你跳的每一次都安全啊。"

吉米尴尬地笑了笑，开玩笑地说道："草原上多的是干草垛，就算跳伞失败了，我也会想办法落到干草垛上去的。"

"怎么能够正好落上去呢？万一草垛上插了一把粪叉，那可就危险了啊。"

"草垛那么大，我也不一定就正好落到粪叉上啊。"

"可是你要万一落到上面呢，那时候可真的会丢了性命啊。"

"就是真的有万一，这所有的万一也不会都让我摊上吧！"吉米耸耸肩。

世间事都在自己的一念之间，我们可以拥有天堂，也可以拥有地狱。我们应当让孩子正确对待那些坎坷和挫折,多往好的一面想并为此而努力。

孩子乐观的心态是可以培养的,即使孩子天生不具备乐观的品质,也可以通过后天的努力来实现。当然,乐观心态的形成并非一日之功,需要在生活中的细微处一点一滴地积累和培养。

首先,父母要身体力行,营造出乐观而温馨的家庭环境,让孩子能够快乐地学习、快乐地生活。

其次,父母要教会孩子正确面对批评和挫折,帮助孩子克服羞怯和抑郁的悲观因素,多给予孩子赏识与鼓励,笑声与温暖,如此,孩子就会逐渐形成乐观开朗的性格。

再者,父母在对孩子说话时,要和颜悦色,不要经常声色俱厉地斥责孩子。要让孩子心情舒畅,不对父母望而生畏。

最后,在培养孩子和与孩子沟通过程中,父母需要尊重孩子的愿望,做事要以理服人,让他们保持积极的情绪;父母也可以让孩子多多从事琴、棋、书、画以及各种文娱体育活动;父母也可以引导孩子完成力所能及的任务,使其体验"成功"的欢乐;当孩子有了不愉快的事情,父母要设法尽快消除其不良情绪,恢复其愉快的心境。

无论何时，自信都是你最大的优势

我的儿子做数学题时，但凡题目有点超纲，他就会以"我没有学过"为借口不做。为了培养儿子的自信心，我给他讲了一个故事。

1796年，在德国哥廷根大学里有一个19岁的青年，他很有数学天赋，他的导师每天都会单独布置给他三道数学题。

这一天，像往常一样，青年吃完饭开始解题。前两道题目不一会儿就完成了，不过第三道题可就没那么简单了。题目是写在一张小纸条上的，要求也很简单，只能用圆规和一把没有刻度的直尺做出一个正17边形。青年做着做着，感觉到越来越困难，他想，可能是导师见他每天都做得很顺利，这次特意增加了一些难度。时间一分一秒地流逝了，第三道题目始终毫无进展。

青年绞尽了脑汁，实在想不出解法，不过困难并没有让他放弃，反而激发了他的斗志：我一定可以把它做出来！于是，他又重新拿起圆规和直尺，在纸上画着，尝试着用一些超思维的方法去找到答案。终于，当窗外慢慢泛白时，青年轻轻地舒了一口气，第三道题目终于做出来了。

把题目拿给导师时，青年显得有些愧疚，他颤抖着声音说："导师，很抱歉，您布置的第三道题我花了整整一个通宵才做出，辜负了您对我的栽培……"

导师一愣，接过青年的作业一看，惊奇地问："这真的是你做出来的？"看着有些激动不已的导师，青年有些疑惑，但还是回答："是的，不过我比较笨，花了整整一个通宵才做出来。"导师没有说话，而是拿了一把圆规和直尺，在书桌上铺开纸，希望青年当面演示给他看。

青年当着导师的面，很快做出了正17边形。导师激动对青年说："你知不知道，你解开了一道有两千多年历史的数学悬案？阿基米德都没有解出来，牛顿也没有解出来，你竟然花了一个晚上就解出来了！你真是天才啊！"

这时候，青年才知道老师也想解决这道难题，但苦于找不到方法，只好让学生们试试，结果就被自己解答出来了。这位青年，便是"数学王子"高斯。

数学天赋是高斯解出这道难题的基础，而自信心是他解答出这道题目的直接动力，他坚信自己能把那道题做出来，于是就真的把那道题目做出来了。

自信是孩子在成长过程中潜力的"放大镜"。一个孩子只有充满自信，才能变得乐观进取，才能在做事的时候积极主动，勇于尝试新鲜事物，乐于接受任何挑战。

反之，如果一个孩子没有自信，那么他在做任何事情的时候都会表现得缺乏自信，既不敢面对新事物，也不敢主动与人交往，失去了很多学习和锻炼的机会。对外界充满恐惧影响了自身的健康发展。长此以往，孩子就会在内心产生认为自己无能的想法，变得非常自卑，如若得不到有效调节，甚至可能产生自暴自弃、破罐子破摔等极度不良的心理。

有一句教育名言这样说：要让每个孩子都抬起头来走路。"抬起头来"，就意味着对自己、对未来、对自己要做的事情都充满了信心。

"我能行！""我不比别人差！""我的目标一定能达到！""我是最棒的！""小小的挫折对我来说不算什么！"……如果每一个孩子都有这样的心态，就能在成长的道路上不断进步。

开家长会几乎是每位家长都必须面临的事情，而如何通过家长会对孩子进行教育，却不是每一个家长都会的。我曾经特别为一位母亲在参加家长会后对孩子的教育而感动。

那位母亲第一次参加家长会是在儿子上幼儿园的时候，幼儿园的老师对她说："你的儿子有多动症，在板凳上三分钟都坐不住。我建议您带他去相关机构检查一下。"回家的路上，儿子好奇地问妈妈老师说了些什么。听到这，那位母亲鼻子一酸，差点掉下泪来，但转念一想，说："老师今天跟妈妈表扬你了，她说你原来只能在板凳上坐不到一分钟，现在却能坐三分钟了。别的家长都很羡慕妈妈呢，因为全班只有你获得了进步。"那天晚上，儿子显得特别兴奋，乖乖吃完了饭，安静地睡觉了。

这位妈妈参加的第二次家长会是在儿子上小学的时候，小学的老师对她说："这次考试，你儿子排倒数第二，全班有50个学生呢，我们怀疑他的智力上有些障碍，你最好能带他到医院里去查一查。"在回去的路上，儿子低着头，一言不发。这位母亲察觉到了儿子的情绪，于是转换了自己的情绪，笑着说："今天老师跟我说，你只要再细心一点，就会获得很大的进步。"儿子听了这些话，眼神一下子亮了起来，回到家后就在房间里做作业，十分认真。

　　这位妈妈参加的第三次家长会是在儿子上初中的时候，初中的老师对她说："按你儿子现在的成绩，考重点中学还是有点危险的。"回家的路上，她装出一副高兴得不得了的样子，兴奋地说："班主任对你非常满意，她说了，只要你再加把劲，就很有希望考上重点中学呢。"

　　过了几年，儿子高中毕业了，他把重点大学的录取通知书连同一封信送给了母亲，信中的第一句话是这样写的："妈妈，我一直都知道我不是个聪明的孩子，是你的鼓励给了我信心。"

　　从这位母亲的身上，我看到鼓励对于成长中的孩子来说是至关重要的。孩子能够从父母欣赏的眼光、赞赏的话语、善意的微笑中得到肯定，从而更好地挖掘自己的优点和长处，激发自己的内在动力，增强自己的自信心。

　　因此，在日常生活中，父母要激发孩子的自信，让孩子自信地挺起胸膛，当然，也要让孩子学会正确地认识自我，既看到自己的优点，又发现自己的不足，然后通过一次次的尝试、探索、创造，不断地证实自己，增强自己的自信心。

第八章

最温柔的教养
——孩子,把你的手给我

无论是大师、学者、名家,还是普通人……在面对孩子的时候,都是同一种人——父母。最好的成长,是和孩子一起慢慢长大;最温柔的教养,是让孩子牵着我们,一起慢慢在人生的路上散步。

用微笑陪伴孩子的成长

在生活中,我们经常会遇到很多坎坷和挫折,看似好像无论用什么方法都解决不了,这时候,不妨尝试微笑吧。当你因为一件事跟别人争论得特别厉害,眼看着陷入了僵局时,微笑其实就是一个最简单的方法,自己笑一笑,对方也笑一笑,僵持着的气氛也就松弛下来了,问题自然而然就得到了解决。

其实,生活中的很多僵局,并没有我们想象的那么严重,只是由情绪对立而造成的一时僵局,而微笑,作为调整气氛的方式,却能够出乎意料地解决很多问题。

有一天放学回家的路上,儿子牵着我的手,兴奋地说:"妈妈,我们班转来了一个新同学,他看上去有点傻傻的,特别好玩。"

"傻傻的?还好玩?"我严肃地说,"你不能够这样评价你的同学哦。"

"不是的,妈妈。这个'傻傻的'并不是真的傻,而是他很单纯,也很可爱的意思。"儿子用力地解释。

"为什么这么说呢?"

"我们班不是有个特别调皮的'小霸王'吗?他可能觉得新同学看上去很好欺负,就想要欺负欺负他。新同学在座位上做作业，小霸王过去故意把新同学的铅笔盒碰到地上了，然后在一旁笑，如果换作是我，我肯定就生气了，结果那个新同学不仅没有生气，反而看着小霸王在笑，就那种很单纯的笑。小霸王大概没有想到新同学是这个反应，愣了一会儿，但那个新同学一直在笑，小霸王不知道该怎么做了，他迅速捡起地上的铅笔盒，扔在新同学的桌上，跑远了。"

"你的新同学听上去很好呀。"

"对呀，更好的还在后面呢，中午在食堂里吃饭，新同学看到小霸王的手表放在洗手池旁边忘记拿走了，就跑着过去把手表拿去给小霸王，脸上还一直挂着微笑，我看到小霸王的脸都很红了。"儿子继续说道，"妈妈，你知道吗？那个新同学一直在笑，我们都很喜欢他呢。"

我认真地点点头，说："是啊，微笑的人很值得喜欢呢。"

的确，微笑是一个人健康形象的最基本的标志。不仅如此，微笑，还可以消除心理上、生理上乃至人际关系的紧张和冲突，甚至还能够解决很多生活和事业中的僵局。

为了强调这一点，我还用从前看到的一个寓言故事给儿子强化了微笑的作用。

故事说的是：有一个整天忧郁的人，想要变得快乐，就跑到上帝面前，问："上帝，请问如何才能让我跳出忧郁的深渊，在欢乐的大地上尽情玩耍？"

上帝点点头，说："请先学会向你遇到的一切微笑吧。"

忧郁的人又问："可是，我没有任何微笑的理由，我为什么要微笑呢？"

上帝想了想，说："不需要任何理由呀，当你对一个人第一次微笑时,不需要任何理由。"

忧郁的人接着问:"真的吗?那么,以后我都不需要任何理由就对人微笑吗?"

上帝意味深长地说:"是的。不过你放心,只要你第一次微笑了,微笑的理由以后自己会来找你的。"

听到这,那个忧郁的人走了,他决定按照上帝的指引,去给出微笑。

半年的时间过去了,那个整天忧郁的人,变成了一个每天都快乐的人。此刻,他的脸上挂着灿烂的笑容,嘴角挂着真诚的微笑。

上帝这一次先开口了,问:"现在,你有了微笑的理由了吗?"

"太多了!太多了!我第一次把微笑送给了每天来我家送报纸的人,当我尝试着把微笑送给他时,他居然还给我一个同样真诚的微笑,那时候,我发现天是那么蓝,树是那么绿,送报纸的人离去时,哼了一首歌,特别动听!"

"然后呢?"

"后来,我把微笑送给了不小心把菜汤洒在我身上的服务员,他发自内心地感谢我。那一刻,我感受到了人与人之间的温暖,我心中的阴云逐渐消散了。"

"然后呢?"

"后来,我发现微笑能够让我变得很快乐,所以我就把我的微笑送给街边孑然独行的老人,送给天真无邪的孩子,也送给那些曾经辱骂过我的人,我收获了赞美、感激、信任、尊重,还有某些人的自责和歉意。这都是世界上最美好的情感,比我付出的微笑的价值可高出了好几倍啊。想到这,我发现自己更自信了,而且对于微笑更不吝啬了。"

上帝笑道："你终于找到了微笑的理由。"

通过这个故事，我希望儿子能够知道，微笑就好像是一粒种子，布满人间后，就会收获很多"果实"。微笑看上去只是一种表情，但它其实是人类感情的一种自然流露。无论贫穷或富有，无论健康或疾病，微笑都不会消失，它永远都会在我们的身边。

当然，父母要言传身教，微笑对待孩子，是对孩子最大的善意。父母的脸就是最好的风景，孩子在最好的风景中成长，还能够不快乐不幸福吗？相反，如果父母每天都是一张愁苦脸，或者是一张气怒脸，或者是一张严肃脸，或者是一张扳着的脸，孩子就只会在一个非常糟糕的环境中生长，怎么可能成长得健康和快乐呢？

让孩子愉快地微笑，用微笑贯穿自己的人生。

幽默是必不可少的家教

别以为大人才有幽默的能力，其实孩子在小时候就已经表现出了对幽默的一种天然的理解力和表现力。

那一天，我上楼时经过三楼，看到一个爸爸正在门口。他敲了敲门，门后有个小孩子问："你是谁？"那位爸爸压低声音，说："我是大灰狼！"孩子已经听出了这是爸爸的声音，于是轻轻地打开门，那位爸爸把手伸向了孩子，孩子笑着，装出大吃一惊的样子，高喊："大灰狼来了！大灰狼要吃人了！"

我甚至还见过有的孩子，还能够像大人那样，用幽默制造一个轻松的氛围，希望以此达到自己小小的目的。有时候，即使不能够成功地达到自己的目的，孩子还会用幽默解除所处的尴尬。任何一个孩子大概长到六七岁的样子，就已经有了简单的逻辑推理和初步的创造性思维，而且也已经开始表现出一定的幽默感。

我曾经在朋友家见过她的孩子，那是个小女生，吃饭慢吞吞的，朋友着急了，冲着孩子说："宝贝，饭都凉了，你再不好好吃饭，我就要冒火了！"那个小女生，认真地抬起头，说道："冒火了？妈妈，那你用火帮我热饭啊！"

很多父母可能觉得自己的孩子年龄尚小，阅历也浅，在知识和智慧上也远远不够成熟，自然也不懂得什么是幽默。事实上，并非如此，其实在孩子9个月大的时候，就已经开始出现了幽默感。

儿子不到一岁时，我在家里搞了一个KTV，给了儿子一个话筒。我高兴地说："宝宝是天才的男高音，来，高歌一曲吧！"听了我的话，儿子环顾着四周，胖胖的小手鼓起掌来——意思是，你们鼓掌了，我才肯唱哦！

等掌声响起来后，儿子便扭着屁股，晃着身子"咿呀咿呀"开唱了！其实，与其说是唱，不如说是乱哼哼，但是哼得倒很有节奏！

最让我想笑的是，儿子总是试着抬起手摆起腿来，想要摆几个pose。当然，儿子的平衡能力还不行，每次都以一个仰面朝天的滑稽动作宣告失败。他累得满头大汗，但我们围着的人却哈哈大笑起来！这时候，儿子眨眨眼，一副不好意思的样子冲进了我的怀抱！

孩子的幽默细胞完全不容小觑，他们往往有着惊人的联想力和非凡的创造力。这时候，父母如果能用幽默的语言和孩子进行交谈，肯定他们的能力，即便孩子表现出的是小聪明，也会让孩子觉得非常快乐。

在美国，许多父母在自己的孩子刚刚出世6周时，就开始了对孩子进行独特的"早期幽默感训练"。一个最典型的例子，其实在中国也有，就是父母抱着孩子，故意做"下坠"动作，怀抱里的孩子在体会下落感的同时，还会无师自通地意识到这是大人在跟自己闹着玩，小脸上可能会漾起好玩的笑容。

孩子在不同的年龄阶段，拥有不同程度的幽默感。

孩子1岁时，已经对周围人的脸部表情非常敏感了。如果他们在学走路的时候摔倒了,父母可以尝试对他们做一个鬼脸,表示安抚,孩子会因为你扮的鬼脸而破涕为笑了。孩子两三岁时,孩子已经能够从身体或物品的不和谐中发现潜藏的幽默,如果妈妈戴着爸爸粗大的男士手表,孩子就会一边摇头一边笑,如果爸爸装模作样戴上爷爷的大礼帽,手持拐杖,行步蹒跚,孩子也会一边模仿一边大笑。孩子4岁时,已经到了喜欢玩"过家家"和装扮卡通人物的阶段了,这时候,父母看到自己的孩子在与邻居快活地扮演王子和公主的角色时,千万不要打断他们投入的表演,甚至可以客串进去,演一个坏蛋之类的小角色。孩子五六岁时,孩子开始对语言中的幽默成分十分敏感,就像是同音异义词和双关语的巧用,绕口令的学习,都能引起孩子的兴趣,让他们感到趣味盎然。这时候,你也应该鼓励孩子多学习猜谜,甚至可以让孩子自己编一些简单的文字谜语。孩子7岁时,都到了上学的年纪,这时候的他们喜欢讲笑话、听笑话,这时候,父母要正确引导孩子,让孩子知道什么是粗俗、什么是幽默。孩子8岁以后,已经具备了幽默感,这时候,父母应该注意倾听孩子回家后讲述的有关学校生活的小笑话,并认真地发出会心的欢笑,对孩子的幽默感做出肯定的表示。

幽默感是"情商"的重要组成部分。具有幽默感的孩子,大多数都开朗活泼,因而往往更讨老师同学和亲戚朋友的喜欢,在人与人的交往中更容易取得大家的信任和喜爱,人际关系的处理也要比不具有幽默感的孩子好得多。

对孩子来说,幽默感是一种洒脱、开朗甚至成功的开始。当然,并不是所有的孩子都具有幽默感,幽默感其实来源于良好的心态、乐观的个性。

与孩子共享自然之美

宋代著名女词人李清照曾经这样赞美大自然："水光山色与人亲，说不尽，无穷好。"在这位女词人看来，大自然是一本活生生的、厚厚的教科书。春天树木发芽，夏天枝繁叶茂，秋天风吹落叶，冬天枯木覆雪。在每一个美丽的季节，走出家门和校门，到大自然中去呼吸新鲜空气，是一件多么幸福的事。

然而，在应试教育的指挥下，这件幸福的事却成了一种奢侈。有教育专家指出，"高楼孤独症""自然缺失症"正在威胁着都市的孩子。因为，城市里的孩子被家中长辈"圈养"着，"捧在手心怕摔了，含在嘴里怕化了"，而且城市中都是高楼，空间封闭，缺少与同龄伙伴的交流，渐渐变得封闭、孤僻、脆弱、烦躁。更有甚者，可能形成不同程度的心理疾患。

随着智能手机、平板电脑等电子产品越来越普及，年轻的父母不仅自己爱不释手，而且还会拿电子产品作为哄孩子、陪孩子的"电子保姆"，导致现在的孩子越来越依赖网络，查找资料、获取信息，娱乐、交友都习惯在虚拟空间里，与大自然的接触却变得越来越少。

如此一来，孩子不仅仅失去了蓝天、白云、芳草、碧水，也失去了与自然亲近的天性，违背了健康成长的规律。

只有仰望星空时,才知道宇宙是深邃的,才知道地球不过是太阳系的一角,太阳系不过是银河系的一角,银河系不过是整个宇宙的一粒微尘,而人的一生不过是宇宙中的一瞬,整个人类的存在也只是宇宙中的一瞬!的确,"放养"孩子会遇到各种困难,让城市孩子走出高楼大厦,也会遇到各种挑战,但是,增加户外活动、到大自然中去是孩子健康成长所必需的。无论时代怎样变迁,无论有多少困难和障碍,都应通过旅行、社会实践让孩子接近自然、拥抱自然。

在为人母的过程中,我遇到过很多的妈妈,印象最深的是曾经在澳大利亚格里菲斯大学昆士兰艺术学院留学的辣妈蔡依依,她在取得视觉艺术硕士学位后回国。婚后她成为一名女性人文地理摄影师和旅行作家,工作需要四处游走。

过了一年,她的女儿佳佳出生了,但蔡依依并没有因此而停住四处游走的脚步。与其他妈妈总是想着如何百般呵护孩子不同,蔡依依在女儿4个多月大的时候,就已经开始带着女儿四处去旅游冒险了。

蔡依依这么做,并不是自私,而是有一定的科学依据。孩子从妈妈的母体脱离后,继承了一部分免疫力,一般不怎么会生病,但是如果在成长的过程中,缺少户外活动,缺少新鲜的空气,长期停滞在一个环境中,那么身体的适应力和免疫力就会变得很弱。

4个月大的佳佳去的第一个地方是东北的小乡村,感受到了最北边的景色。在之后的日子里,她跟随妈妈的脚步去了越来越多的地方。

7个月大时,佳佳去了海拔4000多米的青海藏区,感受了一把"极限之旅"。第一次看到雪山时，佳佳还不会用语言表达，但依旧很兴奋地在汽车后座上手舞足蹈、咿咿呀呀地唱歌。

4岁那年，佳佳随着父母一起去了非洲的纳米比亚，到了撒哈拉沙漠以南非洲最大、最著名的野生动物园埃托沙公园，看到了许多珍禽异兽。斑马、羚羊、鬣狗在遍地野花的草原上奔跑；长颈鹿、狷羚在灌木丛及小树林里游荡；豹和猎豹出没于灌木丛中……这其实是佳佳自己的梦想，因为她之前看过一本传记《我的野生动物朋友》，渴望像传记的作者一样，与野生动物们亲密接触。

在一次次的旅途过程中，佳佳学到了很多。她不仅有了广泛的兴趣爱好，而且始终对新事物保持着满满的新鲜感和好奇心。看着女儿的"野蛮生长"，蔡依依感慨："孩子把旅行当作最好玩的事，却在不经意间，记住了世间的善良、淳朴、坚强和勇敢。"

孩子就像一块"田园"，种什么就收获什么，如果父母让其荒芜，不种任何东西，那么孩子这块"田园"就只会光长野草不长苗。

在农民熟知的谚语中，有这样一种说法："高地芝麻洼地稻，沙土地上花生，黄岗坡上红薯，不高不低种黄豆。"这句话的意思是，"高的田地种芝麻，低的田地种水稻，含沙土适合花生，红薯适合黄岗坡土壤，黄豆播种在不高不低的土地上。"

这跟很多孩子的情况是一样的。每个孩子都有不同的才能，只要父母善于挖掘，就会让孩子在各个方面发展出自己的特色，从而获得美好的前途。有的孩子学习成绩好，能够一路从大学，读到研究生，读到博士生，当上科研人员，从事文学、医学、艺术等方面的工作；而有的孩子成绩一般，但可以读职业学校，学一门技术,当工人,当技术工人,当技术尖子等;还有的人可以学经商,当商人,再往上发展,就能够当企业家,当总经理,当董事长等。

父母在孩子的"心田"里播种什么,孩子就会发什么芽,开什么花,结什么果。

做个"为什么"型家长

在我还没有成为一位母亲之前,经常在公交车等公共场合看到小小年纪的孩子拉着自己爸妈的手,问这问那。在我成为一名母亲之后,与其他父母进行沟通后,发现大家都曾经有过这样的感受:孩子从呱呱坠地开始,就会用好奇的目光东张西望,打量着周围多彩的世界;而当孩子能够说话开始,就爱不停地问这问那,有时候常常会提出一些稀奇古怪的问题。

不过不是所有的父母都喜欢孩子提问,有些父母甚至最烦孩子提一些问题,比如"妈妈,为什么天空是蓝的?""爸爸,为什么飞机不会从天上掉下来?""爸爸妈妈,为什么猪没有翅膀?"那些觉得厌烦的父母不仅不回答,而且还会严厉地责备:"问这么多,烦不烦?"

其实,那些问很多问题的孩子,都可能是未来的科学家,他们正在接触自然、观察万物，脑中充斥着各种各样、花样百出的问题……然而，在父母的不断呵斥声中，孩子的好奇心被毁灭了，导致很多孩子在长大后，再也不会问"为什么"之类的问题了。

文森特·鲁吉罗教授曾说过："好奇心、求知欲和善提问是创造性思维的引擎。"在孩子的心灵深处，都有一种根深蒂固的需要，希望自己是一个发现者、探究者和成功者。从心理学上的观点来看，好奇心是人们对新鲜事物进行探索的一种心理倾向，是推动人们积极地去观察世界，开展创造性思维的内部动因。

古人云："学贵有疑，小疑则小进，大疑则大进，不疑则不进。"近代教育家陶行知也说过："发明千千万，起始在一问。"好奇心是非常宝贵的，它能够推动孩子主动获取新的知识，也能够启迪孩子智慧的火花，只有对不懂的新事物产生怀疑，进行发问，才能在实践中不断探索。

孩子能够提出很多问题，这就表明孩子天生具有很强的好奇心和想象力。如果孩子把自然界的事物，都看成了习以为常的事情，对自然界没有任何疑问，这并不是一种令人乐观的现象，反而值得担忧。

诺贝尔奖金获得者利奥彼德·鲁齐卡，谈起自己的奋斗过程时谈到自己的父母，他说自己的父母没有怎么读过书，文化水平不高，但是他们并不为此感到难堪，反而一直鼓励自己去探索。幼儿时期的鲁齐卡富有强烈的好奇心，常瞪着大眼睛问"天为什么是蓝的？""水从哪里来？"等等，虽然父母并不能解答这许许多多的"为什么"，但他们总是怀着喜悦的心情鼓励儿子，使鲁齐卡不断奋进，最终登上了科学的巅峰。

家长要学习鲁齐卡的父母,保护好孩子的好奇心,让十万个为什么贯穿孩子的一生。伟大的科学家爱因斯坦曾说过,一个人的想象力比一个人有多少知识更重要。从这一点来说,孩子的好奇心和想象力对孩子未来的成长与成才来说是非常关键的。

可惜的是,很多父母把孩子的好奇心扼杀在了萌芽状态,面对孩子的问题,直接不耐烦地说"本来就那样",看似好像解决了当下的麻烦,但等孩子长大了,很多父母会发现孩子思考问题的角度是那么狭窄,目光是那么短小,所有问题的答案对他而言只有一个标准……

儿子也有一段好奇心特别重的时候。有一天夜晚,我与儿子在庭院里乘凉,儿子看着天上的月亮,问:"妈妈,月亮是不是永远都这么圆啊?"我想了想,没有直接回答儿子的问题,而是说:"妈妈也觉得好奇呢。这样吧,我们每天晚上都来观察月亮,看看月亮是不是永远都这么圆。"就这样,我和儿子每天晚上都在庭院里看月亮的变化,一个月过去了,儿子得出了结论:"妈妈,你发现了没有?月亮只有一天是最圆的,之后就慢慢变成弯月状,之后又慢慢变圆了。"

"是呢。"我兴奋地说,"我也发现了呢。儿子,妈妈找了一部纪录片,我们一起去看看,为什么月亮会这样变化吧。可以吗?"

我的做法,其实是在借鉴了很多优秀父母的做法之后总结出来的,这样既满足了孩子的好奇心,又让孩子了解了自然现象,培养了好问、积极探索的精神。

父母一定要留住孩子的好奇心,具体的方法主要有以下几个:

首先,父母要保持自己的童心,学会换位思考,体会到孩子的心情，尊重孩子的好奇心。

其次，当孩子提出问题时，父母不要敷衍孩子。对于孩子的提问，要尽可能地给予满意的回答，如果超出了父母的认知范围，可以带着孩子一起去找答案。同时，父母要学会对孩子说一句话："我真喜欢你提问题的样子。"有时候，孩子提出了问题，父母可以不马上提供正确答案，而是进一步提出一个疑问和悬念，激起他的更强的好奇心。

最后，父母要允许孩子探索。即使孩子把家中十分贵重的东西拆坏了，也不要立刻责备他，而是应先鼓励他的好奇心，之后再对其进行教育。责备对孩子的好奇心而言，是致命的打击。

一个人如果没有足够的好奇心，对什么事物都感到平淡无奇，那他就不可能有发明创造的激情，更不可能做出伟大的事业。因此，对于孩子的好奇心，父母要因势利导、循循善诱，培养孩子"打破砂锅问到底"的坚韧毅力。切不可当头一棒，挫伤孩子的好奇心和自尊心。

和孩子一起"悦读"

"读书如树木,不可求骤长。"在中国的家庭中,尤其是城市家庭,很多父母都已经开始关注儿童的成长教育了。根据一项调查显示,父母支持鼓励孩子阅读的比例超过80%,可是在家庭教育中,却有83%的家长不能理解儿童阅读活动的正确含义,究其原因,与父母的功利性不无关系。

很多父母在孩子的教育问题上表现了特别浓厚的功利色彩,以至于在给孩子们选取阅读读物时,更多的是考虑是否具有知识性,能否帮助提升作文水平,甚至能否对升学具有帮助等。

阿根廷作家博尔赫斯曾经对书籍的美好发出一句赞颂:"天堂的样子就是图书馆的样子。"而在这个天堂当中,还有一个特别的存在,那就是童书世界。童书,是孩子最早接触的书籍。孩子在阅读童书时,能够在憨态可掬的卡通形象中体味到世间的真善美,更能在润物细无声的文化熏陶中领略到阅读的快乐,养成终生受益的阅读习惯。

在察觉到父母的功利性之后,很多出版公司便用海外拿奖、名人推荐当作销量的保证。如果一本童书销售不错,很多出版社就会一拥而上,一个系列就出个十多本,而且还区分男生版和女生版,导致很多父母在选择童书时眼花缭乱,难以选择。

孩子不喜欢阅读的绝大部分原因可能要归结为父母没有根据孩子的年龄和心理状态选择适合他们阅读的书籍。在亲子阅读的过程中,如果想让"阅读"变成"悦读",从选书开始,父母就要坚持以孩子为本,选择能够表达出真实情感和真实情绪的,让孩子感到有趣的、美好的、幽默的,能够触动孩子心灵的,给孩子带来温暖的启迪和安慰的书籍。

同时,父母要做到以身作则,言传身教。试想一下,一对不会看书不爱看书的父母真的能教出爱看书的孩子吗?

很多父母会在亲子阅读中把自己和孩子的关系看成是教与被教的关系,然而,这是不对的。在亲子阅读中,父母和孩子的关系应该是平等分享的关系, 父母与孩子平等地分析阅读的过程和感受,才能营造出温馨、愉悦的阅读氛围。

具体而言,父母为孩子买了绘本,父母不是只把绘本交给孩子,而是担任着帮助作者把这个故事传递给孩子的作用。孩子阅读绘本的乐趣在于了解作者的想法, 享受阅读, 而不是通过绘本,懂得多少功利性知识。

阅读研究发现,3岁以前的孩子,无论是否有父母的陪伴下,他们对文字都没有太大的兴趣, 而是更喜欢从图画里搜索各种各样的信息,也就是说,父母陪伴阅读的意义可能只是分享孩子在阅读中的喜悦。

孩子阅读的意义,并不在于非要认识几个字,学会知识,更重要的是在阅读过程中的体验。具体而言,绘本对孩子的意义在于那些会说故事的图画,那些具有情节的图画带动孩子的形象思维,让孩子的思维自由徜徉,而后按照自己的兴趣和理解能力去关注角色，关注他们在做什么，图画里有什么好玩的。

随着孩子年龄的增长，需要慢慢实现独立阅读。如果想要让孩子达到真正意义的独立阅读，父母必须陪伴孩子度过一个"共同阅读"的时期，没有哪个孩子可以例外。曾经有社会学家做过一项差异化研究，有父母陪伴的阅读与没有父母陪伴的阅读相比，前者更容易爱上阅读，也更容易建立阅读习惯。

父母与孩子的共同阅读期，坚持得越好，间断性越短，质量越高，孩子就越容易实现自主阅读。

苏联教育家苏霍姆林斯基曾经说过："让孩子变聪明的方法，不是补课，不是增加作业量，而是阅读，阅读，再阅读。"

如果人生是一场长跑，无所谓输赢，需要的是坚持的力量，而在这场长跑中支撑自己的精神力量之一就是阅读。

对不起，爸爸妈妈错了

一个周末的傍晚，儿子去参加班级里组织的六一文艺汇演排练，我在家收拾房间，才收拾完家务就听到儿子"我回来了"的叫声，我抬头望一眼钟，才七点。

"怎么这么早就回来了，不是说要练到九点钟吗？"我奇怪了。

"我忘了带台词本。"儿子一边说，一边走进自己的房间。

我紧追不舍地问："其他同学呢？"

儿子不紧不慢地说："都还留在学校练呀！"听到儿子毫不在意而且打算不参加排练敷衍过去，我火气一下就上来了，说："开始也是你自己要参加班里组织的六一文艺演出的，现在又不好好练，我觉得你应该现在带上台词本赶到学校，起码还可以练个把小时。"

儿子本想说什么，但看到我生气的样子只好默默地到房间带上台词本转身就要走。

这时天色突然阴暗下来，我提醒说："带雨衣去吧，好像要下雨了。"

儿子奔回自己的房间又跑出来说："找不着雨衣，不带了。"说完就去推自行车准备走。

我又说："那也要带一把伞，算了吧，你今天就不要去了。"

没人回答，我到户外看时，雨开始下了，儿子头也不回地走了。

我不得不拿着雨伞去追。雨越下越大，身上全部被雨淋透了，追了一阵，看见儿子在桥下避雨，早已成了落汤鸡。

看到儿子这副模样，我又心疼又气愤地大声说："你就这样和我赌气是吧？赶快跟我回去！"

回到家，我们都擦了头发各自换衣服去了。

我一边换衣服一边想：孩子只是排练提前回了家，真有那么可恶吗？为什么要这么对他发火呢！孩子要不是生气，也不会跟我赌气，冒雨去学校的。

于是，我推开浴室门，只见儿子坐在地上低声抽泣。

　　我走进去，蹲下来搂搂儿子，轻轻对他说："刚才是妈妈不对，不该发火，妈妈向你道歉。"听我这么一说，儿子的泪水像决了堤的洪水似的，一串串流了下来。

　　我静静地等他哭够了说："你先洗澡，洗完了再告诉妈妈是怎么回事。"

　　不久，儿子从浴室出来说："妈妈，我洗好了！"听他的声音，再看他的表情，知道孩子得到了宣泄，心情已放松了。

　　我说："过来，跟妈妈说说为什么跟我赌气，是我哪里做得不对吗？要你去演出，也是为了提醒你做事情要负责到底啊。"

　　儿子说："妈妈，你不了解，我的那个搭档因生病没有来，我演的那段节目是两个人合演的，少了一个就没有排练的意义，所以老师说，我也可以看看台词，也可以提前回家，我正好忘了带台词本，就先回来了。"

　　我不好意思地对儿子说："妈妈真对不起你，没了解情况乱发火，你能原谅妈妈吗？"

　　儿子说："我也不对，没有一开始就对你说清楚，也许说清楚了你就不会发火了，我也不该跟你赌气，冒雨跑出去，害你追我衣服全部淋湿了，我也应该向妈妈道歉。"

　　当孩子的言行"闯祸"后，一些父母一时冲动，往往会对孩子进行不当的、过重的批评或惩罚。事后父母发现自己确实有错时往往感到后悔，这时父母应该勇于真诚地向孩子道歉，用自己的行动补救过失，取得孩子的谅解和信任，这对引导孩子更好地走自己的路是有百利而无一害的。

　　美国教育家斯特娜夫人说："一个勇于承认错误、探索新的谈话起点的父母,远比固执、专横的父母要可爱得多。"事实上,能够向孩子道歉的父母大部分是孩子信赖的人。

父母犯了错误或者误解、冤枉了孩子,应该及时向孩子承认错误、道歉以求得原谅。这样做其实不仅不会有损家长的威信和尊严,反而会让孩子学会做人的准则。

千万别拿孩子当"出气筒"

我们学校的财务姐姐,有个8岁的小姑娘,学舞蹈,学钢琴,小姑娘气质超级棒,每次来学校都能得到一干同事的赞美。

有一次,财务姐姐在转账时,出了点漏子,导致学校遭受损失,一堆报表要重新做,眼看着下班了,财务姐姐脱不开身,打电话给老公说自己今天加班,让他去接娃。

她老公就说:"那我们就在外面吃饭,然后给你带点来。"

晚上大概7点多,财务姐姐的老公带着小姑娘来了,财务姐姐依旧在做报表,接过食物,让父女俩先回去。这时候小姑娘问:"妈妈,你为什么不和我们一起走呢？"

"妈妈要加班。"

"那,今天晚上谁给我讲故事呢？"

财务姐姐看了一眼老公,还没说话,她老公就笑着说:"我可不行,孩子习惯妈妈讲故事了,要不你还是和我们一起走吧。"

"我要妈妈讲故事,爸爸不行。"小姑娘撒着娇扑了上来,抱住财务姐姐。

不料财务姐姐发火了,推开孩子大声道:"我都赔钱了你还闹,不烦啊?没钱你上什么学?没钱还看什么书,讲什么故事?我在外面辛苦得要死,回家还要伺候你们两个,以后我不管了,什么吃饭睡觉讲故事,自己解决!"

小姑娘莫名其妙地被妈妈骂一顿,又惊吓又委屈,嘴巴一扁眼泪就掉下来了,她老公原本笑着的脸也拉了下来,看到办公室里还有几个同事,一把拉起女儿就走了出去。

这一次,小姑娘好久都没有开心起来,总是没精神。事后,财务姐姐也后悔了,可她再像以前那样买礼物给女儿也都不管用了。小姑娘总是一副"我不喜欢妈妈"的样子。

我说:"其实你家姑娘还算好的,你再给她点耐心,跟她道歉,就说大人也有心情不好的时候。其实你也真的运气好,你家姑娘性格温和,要是换了一个倔强的孩子,你这样的态度很可能使其产生很强的逆反心理,要和父母作对。凡是父母让做的,偏不去做,不让做的,偏去做。像故意弄坏东西、打架、捣乱等,这个时候他们是不会考虑对错的,父母教育这样的孩子就很困难了。"

所以,不管你有多大的委屈,千万不要拿孩子当"出气筒"啊。

我认识一个20岁的姑娘,从外地到我所在的城市读大学,现在大学三年级,怎么看怎么都是那种家教好的孩子。有天我刚巧要去机场接个朋友,姑娘也是,于是我开车载她一起去。路上不经意地跟她开玩笑："是去接男朋友吗？"姑娘说："不是的，是我妹妹，高考结束了，来这看我。"

细听下来，原来她所谓的"妹妹"和她一点血缘关系都没有。她小学的时候父母就离婚了，母亲带着她再嫁，男方和前妻也有一个女儿。

按理这样再婚家庭出来的孩子，性格多少会有点敏感或者偏激，但是这姑娘口口声声"我爸爸，我妹妹"其乐无比，她说，她的继父是个很乐观的人，虽然只是普通工人，但是整天一副开心的样子。母亲在继父的影响下，慢慢变得脾气也温和了，四口之家凡事都有商量。在她上初中的时候，因为要住校，继父还把她托付给一位老师照顾。那位老师也是个脾气很温和的人，不仅仅指导了她的学习，还教了她许多待人接物的道理。

我问姑娘："那么你的爸爸——我的意思是——你亲生的爸爸，现在怎么样？"

姑娘无奈地笑了笑："我亲生的爸爸脾气真的很不好，我印象中，他常常在外喝酒，半夜才回来。喝多了，回到家就骂骂咧咧的，有时还把已熟睡的我叫醒，目的就是为了听他数落妈妈。他一有不顺心的事，便忍不住拿我和妈妈出气。当然，我相信我的爸爸也是爱我的，只是他不懂得如何去爱，所以才拿我当出气筒，这是我接受不了的……"

情绪是一个喜欢调皮捣蛋的精灵。当父母能很好地控制它时，家庭的天空会晴朗无云，与孩子的关系自然其乐融融；当父母任它自由放任时，它就会为家庭制造出无数的麻烦，与孩子的关系就难以融洽。

为了孩子能拥有一个美好的未来，父母一定要做情绪的主人。孩子幼小的心灵是很脆弱的，特别是他们正处在生长发育的阶段，对什么事情都很敏感。千万不能因自己的心情不好就拿孩子当"出气筒"，随意打骂孩子，这样不但会伤了孩子的心，更会伤害孩子和父母之间的感情。

第九章

愿你慢慢长大，但不是被落下

最好的教育最简单，帮他制订计划和目标，让他慢慢长大，放心，他一定不会落下。

延迟满足，让孩子耐心等待

"妈，你给我报个兴趣班吧，我不想每天都出去玩了。"皓皓对妈妈说。

"儿子，你喜欢什么？妈妈明天就给你去报。"

"报个美术班吧，画画挺好的。"

三天后，皓皓又对妈妈说："妈，那个美术班我不想去了，你给我换一个吧。"说着，皓皓把妈妈前几天买回来的画具扔到了一旁。

"怎么不去了？不是画得挺好的吗？"

"没意思，这次我要报吉他班。"

一个星期后，"妈，我的手指都破了，你给我换个班吧，我现在一点儿都不喜欢吉他。"

……

孩子对一些新鲜的事，刚开始总跃跃欲试，干劲十足，可热情一过，就会兴趣全无。

父母一直无法理解孩子的这种心态。其实，孩子的兴趣和爱好转移太快是很正常的。通常情况下，小孩子都比较喜欢五颜六色、新鲜的事物。可是，这些五颜六色、稀奇古怪的新鲜事物太多了，再加上孩子喜怒无常的特性，发生兴趣转移现象是最正常不过的一件事情了。

我儿子小时候也是这样，上一分钟他问我可不可以去喂狗，不一会儿他又跑去踢球，然后又回来荡秋千。前一秒喜欢的还是米老鼠，而下一秒就变成了喜羊羊，我被他折腾得简直要筋疲力尽了。

儿子二年级时喜欢架子鼓，报了一年的课程，结果他只坚持了三个多月就不肯去了。原因是：每天放学要练半小时鼓，而这个时候正是小朋友们在楼下玩的时间，他觉得占用了他的玩耍时间，而不是因为不喜欢。我觉得他说的也有理，就同意他放弃。

后来，他说喜欢西班牙语，想学，我便先下载了些资料给他，他玩了几天罗塞塔，然后又没了兴趣，说西班牙语太绕。我想他英语刚刚起步，也不能贪太多，了解一下，没有兴趣就算了。再后来，他对航模感兴趣，又报了班，也一直都保持兴趣，但后来，他又说不报了，理由是每周坐车去上课觉得累。就这么一个小问题就让他往后缩……

我就此事，咨询了一些心理学家，他们说，孩子对一件事情的兴趣会很快地消失，其关注某件事情的时间一般情况下也不会超过15分钟。实际上，孩子兴趣转移的速度也会随着她们年龄的增长而慢慢地有所缓解。孩子在2岁的时候，兴趣变化是最快的，而等到孩子12岁之后，这种变化的速度就会减慢，甚至有的小孩已经有了固定的兴趣和爱好。

虽然，孩子的兴趣转移过快是正常的表现，但是，父母也不能任由孩子随意地发展。这个时候，应慢慢地培养孩子的注意力，使孩子对某一事物专注起来，这对孩子日后养成良好的学习习惯也是有好处的。

那么,怎样培养孩子的耐性呢?

心理学家让我有意识地给孩子设置点障碍,为孩子提供一些克服困难的机会。因为坚强意志是磨炼出来的,越是在困难的环境中,越能锻炼孩子的耐心。要鼓励他做事不半途而废,做好一件事要经过努力,才能完成。孩子经过努力完成一件事时,应当及时给予表扬,强化做事有始有终的良好习惯。

此后,儿子饿了马上要吃,渴了马上要喝,想要什么玩具当时就要买时,我就有意延缓一段时间,不立刻满足孩子的要求,以培养孩子的耐心。

坦白说,我有时候也被他哭得心烦,闹得头大,恨不得买了他要的东西来求安生,但是心理学家提醒我,一定要硬下心肠,让孩子学会"迟延满足"。因为现代社会里,物质丰富,生活快捷方便,加之妈妈爱子心切,因此孩子有什么要求,总能迅速得到满足。久而久之,造成孩子缺乏耐心等待和自我努力的意识,从而错过许多培养耐性的机会。

所以我一直坚持这个"延迟满足",后来我发现我也渐渐变得更有耐心了,不再因为生气而对孩子责骂和催促。

原来,在让孩子焦急的心冷静下来的同时,我也养成了慢慢观察细细品味生活的节奏。

另外分享我的两点心得:第一,在孩子做事的过程中,成人切勿随意打扰,以免孩子养成半途而废的不良习惯。如拼图拼到一半时不要喊他去吃东西;练琴没有结束,不要跟他说别的。这些都是为了让孩子养成一种做事有始有终的好习惯。

第二,父母也要做出榜样。许多孩子没有耐心,是因为妈妈对孩子做事的要求往往也是虎头蛇尾。所以,首先妈妈要注意不要让孩子养成半途而废的习惯。在开始一种新的活动之前，必须让他把正在进行的活动有个了结。如让孩子去洗澡，应在开始烧水时就告诉孩子画好这张画后，就去洗澡。然后在孩子洗澡之前别忘了认真检查画到底画完了没有，这本身就是培养孩子做事有始有终的良好习惯。

孩子，你一定要有目标

一位大二的学生给我写来一封信：

上大学已经两年了，这两年里，好像把以前所有失去的玩乐时间都补回来了。疯狂地上网，常常三更半夜才睡觉，只要是早上的课，保证每次都迟到，图书馆的门都不知道是朝哪边开的，考试的时候临时恶补，能过就行……

这样的日子过了两年了。现在，腻烦得有些想吐。紧张的高考之后的轻松状态，让我和许多同学迷失了方向与自我，只是单纯地认为大学的生活应该轻松并且自在地度过，完全不同于高中。就在这种对自我的过分的放松中渐渐地失去了自我，失去了曾经的理想与奋斗的热望。不过，值得庆幸的是，现在已经意识到了，还有改正的机会。所以，要像以前一样，树立更大的、具有指导性的、方向明确的目标，而不是在完成每个小目标之后，就忘乎所以……

很多大学生在上大学之前，都是有目标的、愿意学习的好学生，可是进入了大学，就不再像高中时那样刻苦努力了。生活没有了热情，学习没有了动力，失去了生活目标，也就丧失了远大的人生理想。

没有理想和目标，就无法生活得"有意义"，孩子就无法健康地成长，更不可能成为一个坚强的人。

也许有些孩子会说，我有目标呀：我想在学习上取得好成绩；我想考上名牌大学；我想成为校篮球队的队员；我想以后赚很多很多钱；我想成为歌星……可我有时还是觉得空虚，不知该干什么好。

出现这种情况并不奇怪，因为这些孩子对目标的认识太混乱，太模糊，以至于所谓的目标无法正确指导其行动。

这样的目标未免有些临时性的性质，如果一旦这些目标实现了，那么接下来，孩子要如何做呢？会不会因为目标已经实现，失去了奋斗的目标而不再努力了呢？

以预计实现目标要花费的时间长短为标准，把一个人的行动目标主要划分为三种：短期目标、中期目标和长期目标。这样更有利于孩子有效地实现所设立的目标。

小的时候，我所在的居民区住着三户人家，他们的平房紧紧相邻着，三个男人都从农村招工进了一家绸厂。

厂里工作辛苦，工资又不高。下了班，三个人都有自己的私活。一个到城里去蹬三轮车，一个在街边摆了一个茶水摊，还有一个在家里看书，写点文字。蹬三轮车的人钱赚得最多，高过工资；摆茶水摊的也不错，能对付柴米油盐的开支；看书写字的那位虽没有别的收入，但也活得从容。

有一天，三个人说起自己的愿望。蹬三轮车的人说，我以后天天有车蹬就满足了。摆摊的说，我希望有一天能在城里开一间茶馆。喜欢看书写东西的那个人想了很久才说，我以后要离开厂，我想靠我的文字吃饭。其他两位当然都不信。

5年过去了，他们还是过着同样的生活。10年后，摆摊的那位真的在城里开了一家茶餐厅，自己当起了老板。蹬三轮车的那位还是下了班去城里蹬车。15年后，看书写字的那位发表的一些作品，在地区引起了不小的关注。20年后，他成了省里小有名气的作家。一天他从省城回乡下探亲，发现火车站门口，用电动三轮车拉客的，居然是他当年的邻居。

这就是目标对人生发展所起的作用。长期的大目标可以帮助孩子克服道路上的一切苦难与障碍，只要实现了一个又一个小的近期的目标，在最终的坚持、努力之后，一定会实现那个设定已久的大目标。

无论是学业还是人生长远的发展，有目标的孩子的生活态度总是积极乐观的，愿意尝试新的方法，学习主动性强，愿意为自己的事情承担责任，意志力较强。

帮助孩子树立目标，父母可以从两方面着手：一是发现孩子究竟对什么感兴趣；二是让孩子多看报纸、杂志和书籍，多与外界接触，让孩子多接触新的思想和新的信息，激发孩子产生兴趣，树立自己的目标，最后一步一步实现目标。

有了目标，就有了努力的方向，孩子的人生就会充实而坚强起来；如果缺乏目标，那么孩子就会失去积极上进的动力。

有位古代哲学家说过："志不立，天下无可成之事。"立志，就是确立人生的努力方向,树立远大理想。一切远大的抱负与理想都是从一个个小目标的完成做起的。有志向、有理想的人,往往能承受一些短期目标甚至中期目标的失败而坚韧不拔地奋斗到底。

可以说人生犹如登山,目标就是一个又一个的山头。有了目标,就有了努力的方向,孩子的人生就会充实而坚定起来;如果缺乏目标,那么孩子就会失去积极上进的动力。帮助孩子从小树立目标正是为孩子的将来所做的最好的考虑。

父母定下的目标不能代替孩子的目标,正如妈妈不能代替孩子吃饭睡觉学习一样。从小树立远大目标的孩子,在生活和学习中更有韧性和主动性。

成长比成绩重要,鼓励比指责重要

在一次英语考试中,朋友的儿子强强得了班上倒数第二名。妈妈数落了他一通后,他的爸爸下班回家来了,妈妈又气愤地把这个坏消息说给他爸爸听。

爸爸听后却笑了:"不就是倒数第二吗?总比倒数第一强吧!至于那样激动吗?"

弄得妈妈反过来骂强强的爸爸:"都是你不管……"

强强的爸爸说："好，以后儿子的学习就由我管。但说好了，你可不要插手哦……"

爸爸走近强强，强强低着头，等待爸爸的批评。爸爸却抚摸着他的头，笑着说："儿子，没关系，爸爸小时候也考过班上倒数第二名。"

强强抬起头，惊讶地看着爸爸，眼里显然没有了沮丧，他问："你不是说你一直是班上最棒的吗？"

爸爸神秘地笑起来，小声说："那是骗你妈的！"

强强接着又问："那你不是好学生？"

爸爸摇着头："这样说爸爸可不对！谁说好学生就得每次都考第一呀？好学生也有失误的时候啊，对不对？"

强强赞同地点点头。

爸爸接着说："我自从考了倒数第二名以后，我就开始下决心努力了，因为那一次，我确实没有下功夫去背单词。后来，我可是每次都考得不错哦……所以，在爸爸看来，虽然你的英语这次没考好，不代表你永远考不好，只代表你这阶段没有静下心来下功夫学习对不对？你看你的数学成绩一直都很稳定是吧？从你的数学成绩来看，你不是个笨孩子，我想，只要你以后也学爸爸，多用点心，多下点功夫，相信下一次一定会比这次考得好。不信就试试看……"

第二次，强强的英语成绩果然进步多了。那天，他拿着成绩单让爸爸签字时。爸爸兴奋地说："儿子，我说你这一次一定能比上一次考得好吧！我真的说对了！"

强强却怯怯地辩解说："可我这次成绩在班上还是算差的。这次我们班都考得好，还有好几个100分呢！"

不想爸爸却满不在乎地说:"我不管别人,只看你这次是不是比你自己上次进步了……你能做到下一次比这次再进步点吗?爸爸相信你,只要你下一次能做到比这次再进步一些,哪怕一点点,那你就更棒了!"

强强听了爸爸的话,不但没有了压力,反而自信地点着头。他对学习英语越来越有兴趣了!

就这样,强强一天比一天用功学英语,成绩也一次比一次进步,终于取得了理想的成绩。

父母要尽量放弃传统的"分数教育",应该更多地关注孩子的思维能力和学习方法、学习习惯,尽量保留住孩子最宝贵的兴趣和同样宝贵的创造性思维。不要用分数去判断一个孩子的优劣、好坏,也不要以分数高低为荣辱,更不要把孩子的未来仅仅押在学习成绩上。培养孩子健康的心理、美好的品格和良好的动手能力,远比考试成绩是第一名还是第十名更为重要。

要知道,孩子的成人比成功重要,成长比成绩重要,经历比名次重要,而父母的用心付出比简单给予重要,鼓励比指责重要。要想让孩子成为一个不仅成绩优异而且人格健全的人,就要让孩子有丰富的人生经历。既要有成功的经历,也要有失败的经历。父母要对孩子的一生负起责任,那就要想明白自己培养的是一个孩子,而不是一架考试的机器。反过来说,心态很好、充满自信的孩子,也一定会成长为各方面都优秀、社会所需要的健全而合格的人才。

很多孩子害怕考试,就是因为害怕自己的分数太低了,父母会惩罚他。其实,一个分数的背后有很多的事情:这一次的分数和上一次的相比是否有进步,上次做错了的题这一次是否改正了，别的孩子考了多少分，年级的整体情况怎样，孩子考试的状态如何，有多少是能够拿到但是粗心做错了的……如果父母能和孩子把这些问题都梳理一遍，孩子很自然地就不会把目光盯在分数上，也就不会觉得在分数上有太大的压力。

父母的素质，是孩子的起跑线

豆豆的爸爸是个很不讲究仪表的人，经常穿着皱巴巴的衣服，一脸胡楂去上班，有时鞋都忘了换，就趿着拖鞋去单位。回到家将臭袜子、脏衬衫往地板上沙发上到处扔，也不洗，衣服脏了，豆豆妈妈不逼着，他就不换。爸爸从不知道收拾房间叠被子，还经常将烟灰弹得茶几上地上到处都是。

最令豆豆妈妈烦恼的是，豆豆也学得跟爸爸一样邋遢随便，经常穿着脏兮兮的衣服去上学。天气热时还喜欢脱鞋光脚上课。

一天，豆豆哭着回到家，爸爸一问才知道，原来是豆豆上课时将鞋脱下放在教室的过道上，被老师在全班同学面前狠狠教训了一顿。

豆豆爸爸要打他，豆豆却哭着问爸爸："你也老是这么不讲究，你们领导就没教训过你吗？"豆豆的话让爸爸一下意识到豆豆之所以邋遢随便，正是他这个当爸爸的造成的。

问题出现时，父母不应把自己的注意力全部集中到孩子的身上，试图从孩子那里找到问题的答案，这是徒劳的。作为父母，自己的心里要有一面镜子，通过它你可以发现自己的不足、缺点，甚至是恶习。

明智而有远见的父母，不难明了自己最主要的责任，应当是造就孩子具有健康的人格，建立崇高的理想，掌握一定的技能，具备必要的社会生存能力和抵制邪恶的能力。你若能把这些教给你的孩子，这是最宝贵的遗产，是孩子今后走向成功的保证。也就是给了他一把打开独立与幸福人生的金钥匙。

我的父亲对我们兄弟姐妹，要求很严，教育的方法主要是以身作则，给孩子们树立良好的榜样。

记得小时候，父亲曾经常喝些养生酒之类的饮品，我几个哥哥，一见他开酒瓶子，便围上去，这个要喝一口，那个要喝一口。后来他成了个禁酒主义者。为了孩子，他滴酒不沾，处处做孩子的表率。

我父亲要求孩子们认真读书，每天自己先拿起书本。朗诵时，有一点小错误也要纠正过来。他要求孩子们尊老爱幼，关心别人，自己首先做出表率。

我经常看到父亲对祖父特别亲切而尊敬。冬天临睡前，父亲总要把祖父周围的被子掖好，夜里还要起来看看祖父睡得是否暖和。

父母的言行举止无时无刻不在影响着孩子，孩子的学习模仿能力极强，他们大部分时间都是和父母生活在一起，所以父母就成为他们模仿的首选对象，父母与人相处的方式，对待事物的态度，习惯用语和动作，还有他们的音调等都成为孩子模仿的对象。哪怕这其中掺杂了一点儿不足，它对孩子也可能造成影响。

对于孩子来说，父母的一举一动、一言一行，无一不是孩子学习的榜样，行动的范本。要想将自己的孩子教育好，做父母的应当时常问自己：我是否是个合格的家长？更要时刻提醒自己：我是孩子的榜样！

你的修养都藏在礼貌中

礼貌是人们的道德准则，是人与人相处的规矩。心理学家认为，礼貌归根到底是习惯的问题。一个不懂礼貌的孩子很可能会成长为一个不懂礼貌的成人，而不懂礼貌会使他在社会竞争中处于劣势，在工作中很难获得同事的尊重和友好协作，在生活中也不易获得友谊和自信。所以说，要使孩子成长为有所作为的人，父母就应该教孩子从小懂礼貌、讲文明。

但遗憾的是，礼貌常常被不少家长视为小节而忽视。在现实生活中，有些家长认为，现代社会是个自由的社会，懂不懂文明礼仪没关系，只要学习好、有真本事就行了；也有些家长认为，小孩子天真无邪，长大了就会懂得文明礼仪的。其实，这些都是误解。

文明礼貌是孩子做人的"身份证"，是孩子随身携带的"教养名片"。一个有教养的孩子必然有良好的文明礼仪,这样的孩子比较受人欢迎,也就是心理学上所说的"被众人接纳的程度高"。礼貌要从小培养,否则就会形成坏习惯,一旦形成坏习惯,再改就很难了。

只要家长们从思想上认识到这个问题的重要性,并在生活中给孩子以正确的引导,就一定能够培养出讲文明、懂礼貌的孩子。

隔壁班上有个女孩子,性格比较内向,不爱说话。有一天放学,我和她班级的老师一起走出校门,遇到了这个女孩子,小女孩只对我的同事说了声:"李老师再见。"眼睛没有看我,我想她大概是不认识我。

此时,小女孩的妈妈走过来说:"还有一位老师呢?怎么不说老师再见?"

为了避免尴尬,我立刻说:"我姓罗,是隔壁班的,孩子大概不认识我。"

只见这位妈妈耐心地搂住孩子的肩膀说:"宝贝,做人要讲礼貌,即使你不认识罗老师,也应该和她说老师你好。"

小女孩于是腼腆地重复了一次:"李老师,罗老师再见。"

我们都为这位妈妈的教育方式感动。

可见,培养孩子礼貌的行为,做父母的责无旁贷。只要从日常生活的点点滴滴入手,耐心地加以指导,自然会让孩子形成礼貌的行为习惯。

家长要从生活细节入手,教孩子养成礼貌的习惯。如,教孩子早上醒来和爸爸、妈妈说"早上好",爸爸、妈妈上班时说"再见",吃饭和吃东西的时候先让长辈,然后自己再吃。带孩子外出时，遇到熟人主动给孩子做介绍，让孩子有礼貌地问好、打招呼。

带孩子走访亲友时，除教孩子有礼貌地打招呼外，还要教育孩子在别人家不要嬉闹、乱翻东西、乱拿人家孩子的玩具等，临走要说道别的话如"请回""再见"等。

另外，要让孩子明白，衣着整洁、举止斯文，注意倾听别人讲话，不打扰别人的休息和工作，去小朋友家轻声敲门、尊敬父母和师长等。这些都是对人有礼貌的表现。孩子看在眼里，听在耳中，记在心上，慢慢也会照此行事。当孩子偶尔与小朋友打骂时，父母要及时指正，久而久之，孩子就会养成尊重他人的言行习惯。

每个家庭都会有客人来访，父母要给孩子讲解待客的规矩，使孩子懂得一定的行为规范，比如亲友来访时，听到敲门要说"请进"；见了亲友按称谓主动亲切问好，然后帮客人拿拖鞋、倒水、让座，如果大人之间有事要谈，孩子就主动回避，不能在一旁插话，缠着父母；有小客人来，应主动拿出玩具给小客人玩；进餐时，客人未能完全入席时不得动餐具自己先吃；客人离开时要说"再见"，并欢迎客人再来。

当客人来时，可以让孩子参与一些力所能及的待客活动。通过直接参与，不仅能满足孩子想要与客人接触的心理，还能使孩子待客的动作和技巧得到练习并逐步养成行为习惯。

懂得爱的孩子最幸福

一个年轻的母亲抱着一个3岁左右的孩子挤进了拥挤的地铁，旁边座位上一个年轻的女孩给他们让了座。这位母亲把孩子放在座位上后，让孩子说："谢谢姐姐。"可那个孩子却扭头往窗外看，不理会妈妈的话。

这位母亲尴尬地说："不好意思，孩子就是这样。"

那个让座的女孩说："没关系。"

于是孩子就一个人坐着，他的母亲在旁边站着。我看到地铁上人越来越多，越来越挤，母亲几次想抱着孩子一起坐下，但孩子都用手推开母亲，不让母亲坐。

这位母亲全程都在尴尬地笑。

爱，是一种高尚的情操，更是一种能力，要让孩子从小懂得爱，因为能够给予爱的人是幸福的，也是健康的。

在日常生活中，我们应该时刻创造条件启发孩子用感激、感恩的心态去对待别人的付出，让孩子先从感恩父母开始，比如让孩子知道父母为自己做事后要说谢谢等。通过这种小的事情、小的情绪让孩子熟悉这种感恩的方式，并最终知道如何表示自己的感恩。

有一篇文章，大意是母亲总是把好吃的留给孩子，吃鱼总是把鱼肚给孩子吃，后来孩子一直以为母亲只喜欢吃鱼头。这渐渐成为笑谈，却值得做父母的深思，并引以为戒。

并非孩子不懂得感恩，而是父母忽略了培养孩子的感恩之心。有好吃的东西，为什么不告诉孩子，这个爸爸妈妈也很喜欢吃？这样孩子就不会把爱吃的菜整盘吃光光，当他尝到什么美味的时候，也一定会记得留给家人。

一个女孩正在家里写作业，妈妈下班回来了。刚刚在学校接受过爱的教育的孩子马上倒了一杯茶水，递到妈妈面前："妈妈，请喝茶！"

谁知，妈妈冷冰冰地说："去，去，去，写作业去！别趁机跑出来玩儿！谁用你倒茶，多考个100分比什么都强！"

一个男孩看到有病的妈妈在厨房做饭很辛苦，便走进厨房说："妈，我帮你干！"妈妈马上挥挥手说："不用你，把你的书念好，就是关心你妈了。妈妈可不希望儿子长大当厨师，妈要你当研究生！"

孩子心中刚刚萌发起来的爱的火焰一次又一次被父母无情地扑灭了。渐渐地，孩子明白了，父母所要求的就是他考高分、上重点学校，别的什么都不需要了。然而，这不是所有孩子都能达到的目标啊！于是，许许多多孩子变得心灰意冷、玩世不恭，不再关心别人，也不懂得爱别人了。

就这样，"累坏了"父母，"闲坏了"孩子。久而久之，孩子认为，这些是父母应该做的，谁让他们当了爸爸妈妈呢，也不能白当啊！

很多母亲生病难受的时候，总是这样说：妈妈没事，宝宝乖。这样孩子就永远不知道，妈妈生病的时候，他要怎么做。

如果母亲这样说:"妈妈不舒服,你可以替我敲敲背吗?"孩子一定会听话地替母亲敲背。"妈妈现在感觉好多了,你可以替妈妈倒杯水吗?"孩子也会很乖地去倒水。这样以后,谁出现不舒服的情况,他都会知道,首先要安抚,然后要去倒水,等等。这是在教孩子"爱"!

现在的孩子在家里大多是"小皇帝",衣来伸手饭来张口,有求必应,只知索取,不知给予,大人也不计较这些,认为孩子小,还不懂事,就处处顺从孩子。在这样的家庭环境中成长起来的孩子,成年后心理上都会有一定的缺陷,他们会认为我所得到的一切都是理所当然的,是别人应该给我的,几乎没有给予别人的概念,甚至在他们没有得到时,会对周围的一切充满抱怨甚至仇恨。

但是孩子将来早晚要进入社会,成为社会人,和各种各样的人打交道。到那时如果孩子只知"受"不知"给",就容易产生人际关系危机,因为社会不可能"无条件"给予任何人想要的东西。

爱人的能力,并非与生俱来。除了要教孩子爱护动物、爱护生命之外,更重要的是要教会他怎样来爱人。在孩子尝试对父母表达爱的时候,父母要乐于接受,让他们觉得爱别人是快乐的,从而学会表达自己的爱。